Beautiful Life

Beautiful Life

Beautiful Life

Beautiful Life

ネガティブのすすめ
プラス思考にうんざりしているあなたへ

負面思考的力量

暢銷新版

日本精神科權威
最上悠——著
朱麗真——譯

目錄

前言 負面的重要性 12

第1章 正面思考同樣充滿危險

正面思考就是萬能嗎？ 20
不當的正面思考就是逃避現實 27
太正面會苦了自己 32
「完美主義」、「得意吹噓」、「不願受傷」以及「敗犬」 37
不聽別人意見的人 43
缺少同理心的凡事正面 46
越正面的人身心越容易生病 51

第2章 推薦負面思考

消極負面是每個人的自然情緒 58
深化人際關係的關鍵是「負面」 62
挫折經驗帶來巨大的能量 67
負面思考的禮物 72
當負面發威 77
負面思考型治療師的影響 83

第3章　一旦發現太過負面的自己

過度的負面會逼苦自己　88
重新站起的祕訣　91
與太過負面的自己「唱反調」　96
控制情感變得「客觀」　103
看開是改變現實的第一步　106
知道自己「能夠應付」，不安感會跟著消失　110
一點一點放手冒險　113
要改變的不是「個性」，而是「想法」與「行動」　118
看到現實的「原貌」　123

第4章 活用負面優點，聰明解決煩惱

負面評估，正面解決 128
負面的「機會」 131
練習切換正負面模式 134
化身演員「扮演」自己 138
透過「排練」讓自己更懂得應付危機 143
跟棘手的人說話之前先演練一番 147

第5章 人生有時正面，有時負面

好好檢視自己的價值觀 154
發揮優點，還是矯正缺點？ 159
拿捏正面與負面的力道 164
慢慢地一步一腳印 167
逃避問題的「懶得思考」 171
分清是非黑白就能面對問題 174
爲情緒「點火」步上解決之路 179

第6章 正面發揮負面的真正力量

小失敗帶來自信 186
重要的是「從會的開始」 189
將目標分成短期與長期 192
對於「無力控制的部分」要能決心放棄 196
越難過越應該溝通 200
溝通帶來解決問題的線索 205
變得正面之後，小心得意忘形 209
負面與正面不過是「手段」 213

結語 216

前言
負面的重要性

最近，書店的自我啓發區裡，滿是書名寫著「正面」[1]、「加法思考」、「積極向上」字眼的書，內容都說「只要正面，凡事就能順心如意」。大家都在鼓勵正面，甚至有的書裡還提到若能正面面對人生，就不會生病。

但是正面思考眞的萬能嗎？

「我知道要積極，但就是積極不起來……」

「我對積極與正面思考感到懷疑，沒有辦法坦然接受！」

1 日文爲「ポジティブ」，英文爲「positive」，中文譯法有正面、正向，本書皆採用正面。

拿起本書翻閱的讀者當中，應該也有這樣認爲的人吧。

也或許是煩惱自己的性格——

「不知道爲什麼，最近經常感覺意志消沉……」

「爲什麼自己這麼陰暗？」

相對於個性開朗，能夠表現自己的人，個性陰暗的我，對自己沒有信心，沒有辦法盡情做自己……

其實，我本人一直到二十幾歲，都還是非常討厭正面思考，是一個無論如何都不能接受積極想法的負面人類。

當時的我常發牢騷而且悲觀，積極不起來。我想跟我個性乖僻，常用有色眼鏡看世界有關。同學順利成功的時候，我曾經脫口說出「沒什麼了不起」那樣的話，暗中希望同學「最好失敗」，因此朋友總嘲諷我「只有說壞話的才能」，我也曾經討厭那樣的自己。

「經營之神」松下幸之助曾被問到「什麼樣的員工會成長」這個問題時，他這麼回答——

「頭腦太好的人比較不認眞，而且個性大多不好，早晚變得狡猾，想法不正經，所以不行。體力太好的人容易自己一頭熱也不行。看起來再誠實的人，攤在陽光底下還是無所遁形，也說不得準。眞的要說的話，發展得比較好的都是『運氣好的人』，而運氣喜歡跟開朗的人在一起……」

聽到這句話，一般人會想努力變得開朗，但是我卻辦不到。

我既不聰明體力也不好，應該也不誠實，而且無法讓自己開朗，所以沒有好運造訪，那時我覺得自己糟透了。

課業、社團活動、打工、興趣、戀愛都讓我厭倦，最後甚至連故鄉的美麗風景都讓我心生厭煩。

※　※　※

話雖如此，另一個我卻很嚮往正面，嘴裡說「最討厭讀教人正面的書」，卻還是在意書的內容，都會翻閱。

只不過，還是無法全盤接受。對消極的人來說，可以正面思考的人令人羨慕，也確實有它的優點，但是他們也都心存疑慮，「太天眞了吧！」、「這些人眞心以爲正面如此美好嗎？」他們甚至擔心變得正面之後可能會失去什麼。

「正面主義的信徒，一定無法理解這種不安」，如此空虛的感覺，讓他們感覺彼此之間好像存在著「異文化」般的隔閡。

因爲社會徹底讚頌正面，讓我這類負面消極的人很難融入其中。

學生時代有這種想法的我，諷刺地竟然成爲精神科醫師，要幫助負面思考的人變得正面，不過在學習各種心理療法的過程中，我眞的覺得自己當時的想法並沒有太大的錯誤。

因爲「正面思考雖然好，但是背後卻有一個大陷阱。思想負面的人雖然問題很大，本質裡卻蘊含了生存所需的重要元素」。

我們可以這麼說，負面思考的人不論在工作、人際關係、藝術等方面，都比單純正面的人要深入，負面思考可說是創造出生動、充滿眞情的作品的原動力。

跟假裝沒看到眼前問題的「正面至上主義」、「只會向前行」的人相比，負面思考的人更能夠看清現實。

擔心、不安都是從多種角度來看待事物，想到各種可能性之後出現的情緒。畏縮和煩惱絕對不是壞事，那是解決問題的重要過程。

也就是說，負面這個角度對人很重要。

只不過，就像太過正面會引起問題一樣，太過負面也有弊病，無法發揮負面本身的優點。

好比像過去那樣的我，想法負面的人比任何人都煩惱自己無法變得正面。正面思考耀眼到照得某些人睜不開雙眼，他們只好強迫自己相信，「我才不想像正面思考的人一樣沒有神經」，或者乾脆選擇不去想，說「我就是我」。

這些都是無法變得正面的扭曲情結造成的。

無法正面思考的人、容易擔心的人、容易沮喪的人都知道負面的優點，當然沒有不善加利用的道理，擺脫過度負面，「一點點負面」才是最恰當。不一定要成為正面人士，但是這類觀點與概念，有助於我們發揮負面才有的力量。

確實，要負面的人踏入正面的世界很恐怖。

積極思考必然伴隨著積極行動，當然必須有所挑戰，也就會有風險。

挑戰不習慣的事情需要勇氣，有點像沒去過迪斯可舞廳的人，很難獨自前往，那種人心裡想的可能是——「我才不想去那種地方！」、「那種地方跟我無緣。」、「不過看起來好像很有趣、很有吸引力，一次都沒去過，是不是有點那個。」

然而，只要去過一次，多數人會立刻知道那是什麼地方，覺得好玩的話，下次應該可以自己去，或者也就不覺得舞廳有什麼特別，不會再放在心上……

負面與正面的差別就是在這些小地方。

※　※　※

我覺得在意自己太負面的人，只是看事情、想事情極端些罷了，爲它傷腦筋實在可惜，也只是在浪費寶貴的人生。

討厭正面的負面人如我，爲什麼開始正面看待事物呢？

不告訴大家要成爲樂觀主義者，受到悲觀想法吸引的我，要介紹「發揮負面的眞正正面理論」給大家。

不要輕易受到膚淺的正面思考擺布，希望你能參考本書，跟我們一起想想，怎麼活用自己內在的負面優點，讓自己有一個更豐富的人生。

第 1 章

正面思考
同樣充滿危險

正面思考就是萬能嗎？

這個社會對想法負面的人，似乎充滿批評。

確實，一個無趣的人總是會搞砸氣氛，因而容易遭到排擠。如果工作、讀書不順利就退卻，或許注定如此。

但是，對應的正面、積極、加法式的思考，眞的如多數世人禮讚的那麼好嗎？

《腦內革命》這本書十幾年前在日本掀起熱潮，「病由心生」、「積極思考有益健康」等概念廣爲人知，但是探索相關的醫學根據，想證明它的可信度時，卻發現這樣的論點，其實引起醫生們相當大的反彈。不過，受到積極幻想蠱惑的多數媒體與讀者，卻都聽不進這一類的警告。

因此，在治療難度高的疾病時，有些人會將這樣似是而非的正面說法，好比「唯有完全接受自己，才能得到解脫，即使癌症末期，也要感謝讓我們生病的命運，因爲我們可以從中獲得學習」，如此的想法強迫灌輸給還無法接受事實的患者本人。

當我還是醫學院學生時，發生了一段令我難過的往事。

在我實習的外科病房，有位六十幾歲的女性，由於癌症住院，她的先生送給她一本某位大夫寫的書內容關於人要積極、正面的說法。

「這本書很好，最上醫生也一定要像寫這本書的醫生一樣，成爲一位好大夫。」她的先生對我那麼說，強勢地告訴我，只要積極就能有救。

但是，生病的太太治療過程並不理想。一天夜裡，她哭著對我說：「我已經這麼積極了，病卻不能治好，到底是哪裡做錯了？昨天，我先生來看我，罵我『因爲妳並不是眞心想要治好，總是消極以對，所以才治不好癌症！』我實在沒有辦法從罹患癌症這件事情中，感受到任何的意義與幸福。我先生是個積極的人，我覺得自己沒有辦法符合他的期待，總是退縮，負面思考的自己很沒有用。」

聽完她的話，我的胸口痛了起來，感覺非常難過。

「積極向上就能治癒癌症」這個想法本身違背現代醫學，根本不合邏輯，對正和疾病對抗的患者來說，「積極點」這句話更加讓人難受。確實，人在軟弱的時候，容易受到偏頗思想左右，然而這位太太的先生實在是超過了點。其實，不僅是生病的時候，在日常生活中也是一樣。

我當時是這麼想的，「這位先生一點也不積極，他無法接受正在與疾病對抗的太太，只能袖手旁觀，這也讓他受不了，所以要藉著責備太太來否認自己心裡的痛苦。」學生時代的這件事情，讓想法負面的我越來越不相信正面、積極。

之後，我對於想法積極正面，同時也要求別人那麼做的人，都抱持著相當懷疑的態度。

在與那些人接觸的過程中，我終於發現到——

「自稱想法積極的人，意外地都缺乏餘裕，對人並不友善。」

「拚了命要積極的人，跟他們談到消極、負面的事情時，情緒常常強烈反彈到有些不自然。」

成爲精神科醫生，經常接觸想法負面的人之後，我才知道正面思考絕非萬能，過度正面不僅會腐蝕身心，也是現代精神醫療上的一大陷阱。

※　※　※

那麼，我們要問，正面思考與負面思考的原始定義爲何？

在「認知心理學」這門學科是這麼定義的——

正面思考與負面思考基本上是人的主觀感覺，隨著想法產生而來的感覺與情緒，會有正面與負面的不同。

簡單來說，當人在思考某件事情時產生了「悲傷」、「氣餒」、「不安」、「憤怒」等往下的情緒，那個想法就是負面思考；而若產生了「愉快」、「勇氣百倍」、「充滿元氣」等向上的情緒，其背後的想法就是正面的。

讓我們來具體想想兩者的不同。

假設搞砸了工作，遭到主管責備，想法負面的人會有以下的悲觀念頭——

「上司討厭我了！」

「會不會再犯同樣的錯誤？」

「我可能沒有慧根！」

「老是犯這種錯，再也沒有人會相信我了。」

想法越消極連帶地影響行為。由於不想努力解決問題，以至旁人會說「再積極一點」。

而產生向上情緒的正面思考又是如何呢？

「犯錯是痛苦的事實，但也沒辦法……」

「也不全然都是錯的，重要的是今後如何減少犯錯。」

「這次雖然失敗了，但是還是有做得比從前好的地方。」

「好好想想未來怎麼減少犯錯……」

聽起來可能模範生了點，不過這是客觀地看待情況，努力適應現實的態度，與負面思考不同的是想要解決問題的心情。正面思考受到推崇，跟這種態度可能帶來成功有關。

兩者也有共通點，那就是都自覺「最好能夠因爲變得正面，進而解決問題」。

然而，爲什麼思想負面與思想正面的人言行不一樣呢？相對於前者害怕風險，總是要踩煞車，後者則是甘冒風險也要前行，希望有所收穫。或許是思考「習慣」截然不同所致。

※　※　※

要理解正面與負面的差別，可以聯想足球這個運動。

如果球員都退到自己的半場，雖然沒有機會得分，但是失分的風險也會大幅減低。反觀攻擊型的隊伍能夠大量得分，也就是獲勝的機率會提高。踢足球不得分無法獲勝，這是當然的道理。日本國家代表隊的歐希姆（Ivica Osim）教練曾經感嘆只會防守的隊伍：「到底是爲什麼踢足球？怕丟分而橫陳在球門口，防止敵人進攻，這樣子不如回看臺當觀眾，去看更有意思的比賽。」他是在諷刺那種只守不攻的狀況。確實，攻擊型的隊伍讓觀眾更樂在其中。

只不過，這種戰術有遭突擊失分的風險。然而誤判風險，裝作沒看見，只顧一味地往前衝的「錯誤正面」，要比沒有具體行動的負面思考產生更多問題。

人生也一樣，將社會禮讚的正面思考、加法觀點照單全收，是很危險的事。

正面思考與負面思考從「認知心理學」的角度來看——基本上是人的主觀感覺，隨著想法產生而來的感覺與情緒，因而造成了正面與負面的不同。

不當的正面思考就是逃避現實

正面思考、積極的生活態度，聽起來振奮人心。但是，光憑這一招要闖天下，不但因爲缺乏平衡，有它的危險，更讓人感覺不堪一擊。

想法正面的人，其實也是懂得將情況解釋成對自己有利的人。

確實，有些時候我們必須要正面思考。

譬如男性在跟女性求婚時會把話說滿，「我一定會讓妳幸福，請嫁給我。」不這麼正面，對方恐怕不會答應。如果說「跟我結婚壞處不少，妳還願意嫁給我嗎？」即使是老實話，女性聽到肯定感覺不安，因為不管現實如何，還是希望聽到「我會讓妳幸福一輩子」這樣的話。

打棒球也是，想著「我一定會擊出安打」，絕對比懷著「說不定會被三振……」這樣不安的情緒揮棒，成功機率要來得高。大家一定都能從經驗知道意志堅定有多重要，事實上，越頂尖的運動選手都越強調「堅定意志」與「氣魄」等心理層面的重要性。

做生意也是一樣，規模小的企業與剛成立的公司都必須冒各種風險，意思是說隨時有破產的可能。為什麼新事業的成功機率比較低，因為很難獲得信任借到更多的錢，也因此，不積極勇往直前，是沒有成功的可能。

切合實際的正面思考，是有意識地排除負面因素，將好素材略做有利解釋。

※　※　※

不過，不要忘記還有一種逃避型正面思考，只是會說「算了」。把這類「逃避型正面思考」，當成解決問題的方法可就麻煩了。

「喝酒忘記煩惱」、「打電動轉換心情」、「購物舒解身心」等是很多人眼中的正面思考，其實某方面來說是在逃避現實。醫學上證實，轉換心情後，如果還是不願意面對現實，告訴自己「明天起要努力迎向討厭的現實」終會酗酒成性、暴飲暴食、嗜賭、或變成購物狂。

跟逃避型正面思考一樣，「凡事正面」也很危險。當怎麼努力都不可能順利的時候、身體不舒服的時候，如果還是一心惦著「沒有我不行」、「我有神明保佑」等硬撐下去，恐怕也都不切實際。

酒駕肇事就是這類「扭曲的正面思考」引起的——

「我是有些醉，但沒有不醒人事，還能開車。」

「以前都沒出事，所以今天也會沒事……」

駕駛們毫無根據、自以爲是的自信造成了車禍，有時甚至奪走人命。

前面提到犯錯遭主管責罵的例子也是，如果是「扭曲的正面思考」，可能會這麼想——

「沒關係，看起來有錯其實沒錯，雖然我在小處犯錯，只要想法積極正面，凡事一定順利。」

總是以爲「自己只是碰巧犯錯」這樣的態度最後一定會釀成大錯。難過的時候，「碰巧如何如何」的這種想法，是內心脆弱急救用的「ＯＫ繃」，不過一旦形成習慣之後，便會有危險。

不承認失敗爲自己找藉口，或許可以做爲前進到下一個階段的安全墊，但是如果只是爲了擺脫眼前的難堪，結果反而有害，會一直以爲「人都會犯錯，這是沒有辦法的。」、「誰來做都一樣，不關我的事，生氣的主管自己有問題。」

這兩種想法的共同處，在於都認爲「自己不需要改變」，這樣的話，就只是在逃避現實，代表心靈脆弱地無法客觀看待現實，那麼重複犯錯的機會會很高，因爲不可能每一次都躲過，總有一天要受到慘痛的教訓。

只看對自己有利的部分，不看不利一面的人，都是逃避現實型的正面思考。跟二次大戰時，連連戰敗的日本軍，卻在當時發布所戰皆捷的假消息是一樣的道理。

勉強自己正面積極，卻阻斷所有負面資訊，這是不切實際的想法，也伴隨很大的危險。

正面思考的可怕之處在於，「努力想解決問題的切實型正面思考」與「逃避型正面思考」只有一線之隔，自己與他人其實都不大了解這二者有何不同。

太正面會苦了自己

正面思考的概念廣爲日本人所接受，連小學的標語都會出現「勇往直前」這些字。

「正面積極明明如此美好，我卻一點感覺也沒有……」

「大家都說要積極，可是我就是做不到，反而覺得恐懼……」

有人指出會這麼想，是因爲我們直接抄襲美國版的「正面思考」（positive thinking）概念所致。

《來跳舞吧！》（*Shall We Dance*, 2004）這部電影在日本相當賣座，後來美國人也改拍，相信大家都知道。創作這部電影的周防正行導演，在某次的採訪中，談到美日這兩部電影的不同。

他指出日版電影《來跳舞吧！》描寫的是大男人在人前跳舞太丟臉，這個社會觀念與男主角（由役所廣司所飾）內心的糾葛拉扯。

但是在美國，跳舞本來就是男性的嗜好之一，男性對跳舞一事毫不抗拒，所以美版描寫的是飾演男主角的李察．吉爾，從在人前跳舞，開始學著克服自身弱點的過程。

據說李察．吉爾在拍攝時，深深感受到美國與日本，在這方面價值觀的差異。

美國文化讚揚正面思考，無法接受煩惱、懦弱等負面的部分，也不能讓別人看到，特別是菁英階級的男性，更是絕對不能讓別人看見自己的弱點。

當然包括同事，甚至在家人面前，也不能表現出怯懦的一面，如果老是跟妻子抱怨，會被當成是一個軟弱的男人，妻子可能要求離婚。所以美國男性如果被人說膽小，甚至會大打出手要對方收回那句話，或者沉溺在酒精、藥物裡，也不願意承認自己的軟弱，繼續合理化自己的行爲。

「過度的積極文化」在美國社會已經根深蒂固，所以有專家指出，美國人的生活少不了心理諮商，正是因爲美國文化不允許他們像日本人在酒店發牢騷所致。「美國版的《來跳舞吧！》就是探究了這種文化——想讓其他人看見自己的弱點，但是卻做不到，就是這個部份引起了美國人的共鳴，因而大獲好評。」周防導演如此分析。

早在平安時代的日本，男性哭泣便不是一件丟臉的事，歌舞伎以及文樂這類偶戲中的殉情場面，讓人深受感動，也美化了因感動落淚這件事，基本上是肯定負面的文化。

在負面文化深植人心的國家，如美國那一套堅定的正面信仰以及哲學，很難直接被接受並且成爲習慣，即使人們說要「正面積極」、「正面思考」，卻無法簡單做到，有心理學家指出，由於兩國的文化與民情並不相同，因而也是許多日本人對正面積極感覺格格不入的原因之一。

輕易發牢騷、想法負面，某方面代表著懶惰也是撒嬌，很多人覺得那樣不好，所以要虛張聲勢、努力硬撐。但是實際上，人沒有辦法那麼地完

2 日本社會用以指稱對自己的未來沒什麼感覺，也不會特別規劃，經常離職、換工作，沒有人生目標的年輕人。

美，也不堅強，所以大家其實都能接受某種程度的牢騷與怨言。

在現今的日本，有越來越多的年輕人因爲「我不是生來做這種工作的」、或是「爲了活出自己，想做自己喜歡的工作」等理由，不跟人商量就輕易地辭去工作，或是「只要不是這間公司，到哪都好」的工作態度，我認爲這也是一種錯誤的正面思考。

有強烈實現自我欲望的人，厭倦只會賺錢、養育兒女的自己，認爲「不爲自己而活沒有意義」。有「青鳥症候群[2]」的尼特族[3]，以及不管未來只做自己喜歡的事情的人，某方面來說都是逃避型正面思考的人。很多人煩惱著該如何「活出自己」，特別是熱衷學習的人，他們比一般人心急，總想找到更好的對象、更好的工作，覺得必須積極正面、人生不進則退，這些想法都需要注意。

其實這那些想法不見得有錯，但是忽略了眼前的負面部分，若是希望自己立刻成爲理想中的那種人，便會有問題了。

很多從事自己喜愛的工作的人，都是做了很多討厭的事情之後才獲得今天的地位，忽視這個部分，老是說「只要做自己想做的」，只能說既不

3　尼特族爲日文「ニート」（neeto）音譯，爲英文「Not in Employment, Education or Training」的縮寫，意指不去上學，也不上班，也不去接受職業訓練的年輕人。1990年代末英國出現這一詞彙，2000年左右，日本也以此指稱依賴父母，不想獨立的年輕人。

實際，想法也太天眞。

有不少人受到無法實現夢想的父母親的期待，被「實現自我」的想法束縛，有時是父母親的一句話，或者被父母親斥責，「因爲自己沒有辦法做到，你要做你想做的」、「考取資格之後，一個人也可以活得很好」，爲了不讓親人失望，所以要扮演正面的自己。

這種人多是模範生，一直以來積極向上、一帆風順，也獲得大家的稱讚，當然相信正面的力量，只是偶爾會感覺到凡事正面有它的極限，反過來會以爲正面不起來的自己很糟糕，以致失去活力。

過度的正面思考會限制人生的選項，讓人生充滿苦味。

「完美主義」、「得意吹噓」「不願受傷」以及「敗犬」

我們已經提到，正面思考用在解決問題時可以發揮很大的力量，但是碰上曲解、方向一偏，想法與行爲便會變得不切實際，只會將自己逼進死胡同。

偏頗的正面思考有以下幾種類型。

●所謂的完美主義者

不管完成什麼都不滿意，這裡不夠好、那裡還不夠。

受到了誇獎卻還是只惦念著負面的部分，「不會有人知道它有多辛苦！」、「只是我運氣好罷了！」雖然成功卻不能單純地開心。

這種人大多很會工作也很積極，卻總是要求完美，做得再多還是覺得「哪裡不夠」，無法滿意。結果卻是用盡力量燃燒殆盡，或者因爲看不到未來，身心俱疲，反而對任何事物都失去了興趣。

●得意吹噓武裝自己的人

過度正面的人大多無法看到負面的部分，而且不少人都很纖細敏感，害怕表現出「眞實的自己」。

沒有自信、卑躬屈膝的男性不受女性歡迎，而老是吹噓工作、財富、自己有多偉大的人，或者總是用上對下的口吻說話的男性也不受歡迎，他們這麼做其實是顯露出對自己的沒有信心。

那些人看起來傲慢，但是大多膽小，很多人其實擔心一旦失去頭銜、地位、金錢，太太是不是要離自己遠去。

所以很多女性會異口同聲地說，男性一被吹捧就得意忘形，也是這個意思。

女性也是一樣，用名牌完全武裝自己，看起來自負、高傲的人，往往不堪一擊。

● 極端害怕受傷的人

能夠直視現實的人一旦被心儀的對象或想要建立友好關係的人討厭，會失落煩惱，不斷想著「那個人爲什麼對我冷淡？」、「到底討厭我的哪裡？」

強烈地不想被討厭的人則會變得鄉愿。

害怕過了頭，想法便會變得激進，心裡便出現了「我還有很多其他的朋友」、「自己一個人也過得很好」等這樣的想法。

然而旁人對那種人的評價是「逞強」、「總是那麼積極」。

不過，這也是很危險的積極。

事物明明一體兩面，卻沒有辦法看到負的那一面，因爲不承認負面，以爲只能積極向前，最後燃燒殆盡。

不過，總是早別人一步暴露自己的缺點也不好。

最近，「貶低自己」的行爲有被認爲是正面態度的傾向，有些人動不動就自嘲自謔，在酒席裡大談自己的失敗，說自己有多糟糕。

他們可能不自覺地在防範未然，免得受到批評，讓自己失落、受傷，也或許是害怕場子一冷，會被對方認爲自己很無趣，又或者以爲親口講出自己的缺點，對方就無話可說了。

自嘲自謔確實有和緩氣氛的效果，先講出來讓大家笑或許壓力沒那麼大，但是老是這樣，便會被周圍的人看不起。

●所謂「敗犬」的女性

有些女性會說，「再也不談戀愛了！」、「不想再受傷害了！」也有強勢的女性說「臭男人。」、「男人沒有一個好的。」也有人只記得不好的回憶，把男性與加害人畫上等號。或者老是說「討厭日本男人」，卻也沒見她到國外跟外國人交往，老是待在日本的女性。

我的女性精神科醫師朋友說那類女性大多有過受傷的經驗，卻還沒能反省自己爲什麼失戀，去找誰談談，爲過去的失戀做個總結。

相信不少女性因爲沒有自信，反而虛張聲勢，有話無法直說，不能在男性面前，表現出自己本來的魅力。

在價値觀多樣化的時代，我雖然不覺得人生要結婚才是最好的，不過風靡一時的沒結婚的「敗犬」們，應該都是正面思考的人。口裡說自己輸了，內心卻都覺得「自己有很多朋友，過的是獨立瀟灑的生活」，表面上看起來是在蔑視自己，眞正的態度是「不想讓別人閒言閒語」。

不看負面消極的部分，全面肯定現在的自己，沒有勇氣表現出負面的部分，結果離男性越來越遠。

我想大家都同意這種說法，事實上，勇於表現負面部分的人比較堅強，也比較有自信。

●只有答話時能夠獨當一面的人

職場裡也有偏頗正面思考的人。

譬如一犯錯馬上笑著連聲「對不起」的人，很多時候做事並不老實（經常遲到的人就是這種類型），或者被主管指派工作，答「好」時非常有擔當，卻不做事的人。看起來很謙虛，因爲沒有客觀觀察問題所在，老是犯相同的錯誤。

這種人算是「漏洞百出的正面」。

不聽別人意見的人

我認識幾位創投公司的老闆。

他們的強韌精神總讓我佩服，其中幾位甚至很少消沉，不但不抱怨、不說氣餒的話，簡直連負面情緒也沒有，而且，他們也不理會旁人譬如擔心、不安等的負面意見。

我感受到他們身爲經營者的信念，同時也感到危險。

像他們這類絕對正面的人很容易變得孤立，因爲他們無法傾聽其他人的意見，這也是當然的……

確實，當業績成長、公司茁壯，加上有順風的助長，積極正面與強硬態度都是領袖氣質的形成要素。

但是，公司不可能永遠一帆風順，在業績低迷等時候，往往旁人不再追隨。

創投公司一般都由輔佐經營者的第二把交椅當緩衝，負責掌握公司內外的負面狀況後轉告高層，但是對絕對正面的高層來說，那件事會越來越礙眼，會認為「那傢伙老說我不愛聽的」、「想法太負面」等等。

一旦調開第二把交椅或者逼他辭職，公司的運轉會開始混亂，組織底下的人就要造反，優秀的人才眼見情勢不對便率先走人，留下的人承接爛攤子弄壞身體，這就是創投公司走下坡時的模式之一。

「我是天才。」有不少經營者都這麼認為，雖然也是因為這樣的想法才能走到現在，然而如果開始出現「大家都是笨蛋，只要照我說的做就好了」這樣的念頭，就是黃燈。

因為成功，更確定「只要正面積極，一定能夠度過危機」，但是現實不是只有成功，一定也有失敗、事與願違的時候，戀愛、結婚也是，有很多這類的弊病、消極的一面。

※　※　※

有一句至理名言「正義即是暴力」。

例如創投公司社長的正面思考就像尙方寶劍，不准旁人說三道四，拒絕批評與溝通，其實很暴力。

如果積極才是好的，也等於認同隨時讓精神高亢的吸毒狀態。就像躁鬱症患者，在躁的狀態下什麼都不怕，以為「自己是最偉大的天才」。

這難道是「眞正的積極嗎」？當然不是，因爲不切實際。

積極向前卻偏離現實，最終將無法適應眼前的狀況。因此，不切實際的正面與什麼都不做的過度負面都是在逃避現實，只不過逃的方向不一樣罷了。

事物明明一體兩面，卻沒有辦法看到負的那一面，因為不承認負面，以為只能積極向前，最後燃燒殆盡。

缺少同理心的凡事正面

凡事正面的人無法傾聽別人的意見，總是以自己爲中心，很多時候對周圍的人來說，實在很令人困擾。

如果曾經因爲積極而成功，當事人更以爲只要正面以對，一定能夠度過難關，那樣的毛病正是不願意看到負面的事物，也可能對負面消極的人說出「你在煩惱些什麼？只要積極就好了！」這樣的話。

結果這只會讓煩惱的當事人更低落，認定「無法積極的自己太糟糕！」、「一定要更認眞的正面思考。」反而責備自己，本章最初介紹的責備生病的太太的先生，就是這種類型的人。

為了避免讀者誤會，我們要澄清，並非所有正面思考的人都是這種類型，也有人不屑那種正面思考。

說得更詳細一點，很多個性積極的人，平常明明都很溫和，卻在朋友遭逢事故，變得軟弱、消沉、想法負面時，突然無法再對朋友溫柔和善。

對他們來說，「正面」就像免死金牌，是可以阻擋批判的強硬盾牌，因此他們很難理解負面的想法。

因為總是對自己耳提面命要正面，所以聽不進去別人的負面話語，會不經意脫口說出「積極一點就好了」這樣的話。

或許他們覺得無法提供煩惱的人中肯的意見與建議，等於承認自己沒用，而他們並不喜歡被那麼認為。也或許他們害怕被對方的負面想法感染，所以拚命要避免自己也深陷其中。

從我們給別人的建議，其實可以看出自己在面對困難時，出現的反應與處置態度。

對人來說，反省是活用失敗的重要作業，「消沉」也是人的極自然反應，跟反省一樣重要。在負面想法、負面情緒出現前，馬上用「要積極」為頭腦重新開機，也用相同的態度面對他人，是凡事積極的人的特徵。

※　※　※

不擅長臨床治療的精神科醫生與諮商師的典型行為，便是將情緒發洩在不聽話的患者身上，對他們說「為什麼不努力讓自己治癒！」、「為什麼不正面一點！」、「因為你不想被治好。」

他們對患者說「要正面」，是因為負面的人讓他們感到不舒服。當然他們都希望治好患者，但是如果患者沒有任何改變，他們會認為是自己無能而感到不安。

父母與老師總會不經意地要求孩子「積極一點」，也是因為不想看到自己孩子的負面模樣，跟大部分精神科醫生一樣，只是想化解自己心中的不安。

主管對部下也是一樣，對他們說「積極點」，會讓父母與主管感覺盡了力而滿足。

就像棒球教練要球員「好好打！」、「擊出全壘打！」給這種不清不楚的意見一樣，最想要好好打、擊出全壘打的是球員本身，不用說也知道，擊不出一支安打的當事人都很煩惱，而教練卻因爲「該說的都說了，可以做的都做了」而感到很滿意。

爲什麼這種教練不好呢？因爲完全不去研究球員爲什麼打不到球，提示改善方法。教練不是應該觀察球員的整個打擊流程，提供具體建議嗎？

※　※　※

要沮喪、難過的人「積極點」，背後發出的訊息是「細節我不想知道，你自己看著辦，給我做出結果」。

聽者只會感覺遭到放棄，「還要我怎麼努力，我也是努力要解決問題啊！」

會說出這種勸人的話，其中一個背景原因，是因爲自己也是那樣走來的，認同自己的成長經驗所致。

只知道從過去的經驗中，找出教育部下、球員的方法，甚至可能把挨罵、被打都看成是正面的。這種人一旦當上主管，對於跟不上自己的部下，可能會怪罪部下沒有能力、才能、沒有堅定的意念。「只要倖存的人能夠跟隨就好」這種想法也是相同的道理。

事實上，日本還有不少人認爲「受不了斥責與體罰的人，終究無法獨當一面」對他們來說，公司沒有意見，代表自己的作法受到肯定、讚揚。即使受到公司批判，也義無反顧地認爲「高層怎麼會知道現場的狀況，現場負責人是我，拿出績效的我才是對的。」

這種人無法管教也無法阻擋，是過分的正面而無法修正軌道的典型，他們只有在受害的部下提起訴訟，或者公司請來醫生介入指導，或者有客戶抱怨，當出現無法逃避的外在壓力時，他們才會開始反省。

對人來說，反省是活用失敗的重要作業，「消沉」也是人的極自然反應，跟反省一樣重要。

越正面的人身心越容易生病

我們反覆提及過度的正面思考很危險的，但是一定還是有人無法相信正面有多可怕，心想「社會不都推崇正面思考嗎？」

還是那麼以爲的人，請回想《伊索寓言》裡〈螞蟻與蟋蟀〉的故事。蟋蟀非常的正面，面對嚴冬的寒冷，還是樂觀地以爲「總有辦法」，玩了一個夏天的結果，冬天一來還是束手無策。

童話裡，最後是螞蟻伸出援手，但是現實世界可不是那麼一回事。

最近發現，想法過度正面的人，容易罹患憂鬱症等精神疾病。

可能有人吃了一驚，「什麼？爲什麼是積極的人？」爲什麼想法正面反而會生病呢？那是因爲過度正面結果無法適應現實。

有那種想法的人看起來很積極，明明感到壓力，卻表現得一派輕鬆，或者感受不到壓力。

對於無法接受痛苦的現實、有強烈不安情緒的人來說「攻擊是最好的防衛」，精神科形容他們否認難過的情緒，想逞強度過難關的行爲是「躁狂性防衛」，情緒明明低落，然而害怕捲入不安的情緒，甚至不願意承認自己的負面情感，假裝不在乎。

但是，人心畢竟不如想像中強韌，當努力總是無法獲得回報，腦漿精疲力竭時，便容易消沉、容易悲傷——

「這麼努力工作卻沒有回報。」

「這麼照顧大家卻不得人望！」

「打扮入時，異性卻不多看一眼……」

這種狀況持續下去，想法會越來越悲觀。

即便如此，只知道要正面的人還是想試圖突破困境，如果還是看不到結果，會出現大轉變，一下子變得負面，引發精神疾病。

只知道要正面的人也容易損壞身體，我認識很多人，工作能力很強，卻疏忽健康管理而損壞身體，反而連喜歡的工作也無法投入。

看起來神采奕奕、活躍於工作的人，不知道爲自己踩煞車，總是習慣操勞，讓身心的感應器麻痺，感覺不到疲倦。很多人甚至深信，「因爲做的都是有興趣的工作，不可能損壞身體，也不可能有壓力。」

我有很多機會與企業合作，協助管理員工的健康，因此認識一些董事長，他們常對我說「我很正面，應該沒有精神上的問題」，好像要我爲他們的健康背書。

其實說「我與壓力無緣」這件事本身沒有好壞，但是如果公司主管以及經營者有這樣的想法，強迫員工接受「喜歡工作，所以不會感覺到壓力」的價值觀就很麻煩（員工們本來就不像老闆那麼熱愛工作）。遇到這類極端的人，我總感覺很不自在，「人在社會上生活，眞的能夠與壓力絕緣嗎？」

讀者們聽過「A型人格」嗎？

這是容易生病的人的其中一種性格，有「好勝、好強、進取、專注」等特性，也就是「努力向前行」的類型，很多想法正面的人，都是這種類型。這類充滿野心、幹勁十足的人，隨時處在緊張狀態，不知不覺地累積了疲倦。

醫學上已經證明有兩大疾病的起因是過勞，一是憂鬱症等精神疾病，二是心肌梗塞以及腦栓塞等心血管疾病。

A型人格的人較常出現的症狀不是肥胖、高血壓、糖尿病、高膽固醇等，而是動脈硬化。

他們的工作能力好，經常出人頭地，但是對下屬的內心世界，卻都反應遲鈍。就像前面介紹的，面對前來訴苦的人，由於無法感同身受，只會說「加油」、「沒有辦法」，反而讓對方更覺窘迫。

正面的人另外可能出現的身體症狀是自律神經失調，明明已經厭倦演出正面積極，卻無法變得負面，心理的失衡狀況只好表現在身體上。

雖然自以為身體還不錯，但是內在的失衡還是演變成氣喘、不明原因的疼痛、胃潰瘍、心律不整、頭痛、肩膀痠痛、失眠、過敏、倦怠等身體的疾病。

雖然現代醫學中有一派認爲「想法積極、正面，可以加速活化腦內嗎啡、提高免疫力」，但是也有研究結果是該學說無法解釋的。

美國的大學做過以下實驗，他們讓演員表現出悲喜的情緒，發現都能讓身體的免疫功能較平常提高。喜悅是正面的情緒，悲傷是負面的情緒，這個結果與「唯有正面思考才是健康」的說法矛盾。

另外也有報告指出，壓抑悲傷與憤怒，會增加女性罹患乳癌的機率。也就是說，悲傷、憤怒等負面情感與高興一樣，都能提高身體的免疫功能。

從這兩個例子我們可以知道，積極向前雖然重要，但是從健康的角度來看，更重要的是不刻意壓抑情緒，適度地開放內心。

「洗滌（catharsis）」是各地原始文化共通的療癒疾病方法，意思是淨化、完全地釋放情緒。原住民在祭典時跳舞，本身便有那樣的功能。人類在學問尚未形成的原始時代，就已經知道發洩情緒，對身心健康有多麼的重要。

「開心的時候大笑，憤怒的時候生氣，悲傷的時候放聲大哭！」

很多報告指出，無動於衷、太過壓抑情感，總有一天會爆發，演變成身體與精神上的疾病，這與中醫的概念一致。

不承認難過、悲傷、悔恨的情緒，只以正面看待現實，告訴自己「硬撐著告訴自己一切都很好」，會帶給身心不好的影響。再怎麼喜歡工作，該休息的時候還是應該休息，積極的同時也需要踩煞車。誠實的接納像是難過等情緒，原原本本的面對現實，接受這些狀態，然後往前走才是最重要的。

正面的人另外可能出現的身體症狀是自律神經失調，明明已經厭倦演出正面積極，卻無法變得負面，心理的失衡狀況只好表現在身體上。

第 2 章

推薦負面思考

消極負面是每個人的自然情緒

讀到這裡，大家是否都能理解只知道要正面的人有多危險？換句話說，人有負面的想法、消極的一面是很正常的，因爲不這樣無法適應現實的環境。

這樣的說法，對自小受「積極向上」教育的人，或許無法接受。不過，負面思考爲過了頭的正面思考，扮演相當重要的踩煞車角色。

憂鬱症是現代精神疾病的代表，大家以爲得到憂鬱症會變得悲觀，評斷事情總偏向負面，事實並非如此。

心理學裡有個有趣的實驗。

讓健康的人與輕度憂鬱症患者、重度憂鬱症患者三人擲骰子猜正反面，比較猜對的機率，大家覺得誰會猜得最準呢？

重度憂鬱症患者因爲總往壞的一面想，所以猜錯的機率高，最正常的健康人也因爲想法樂觀，結果並不大好。

是的，預測結果最準的其實是輕度憂鬱症患者。

也就是說，「加些負面觀點，反而更能正確地看到現實」。直視現實，意味著從負面的角度看事物。

想法負面反而能夠看到問題的本質，萬一眞相令人厭惡，就能好好地悲傷、消沉、害怕。人沒有情緒的話，便沒有辦法往前行，這有個專有名詞，叫做「正常的悲哀反應」。

譬如父母親過世，卻不悲傷也不失落，或者明明很害怕，卻裝作沒那回事，想要不帶情緒地經過，身心就會出現異常。

爲了好好地「消化」情緒，同樣需要直視現實。消化情緒是指看到並且接受負面的部分，失戀了就大哭，這麼一來心靈獲得了洗滌，就能再回復到正常的情緒，不可以刻意否定負面想法的存在。

負面的部分也是「正確的」正面思考所不可缺少的。聽起來好像禪宗裡的問答，意思是這樣的——

「無法光明地看待事物，不少時候是對黑暗的解釋出了問題。」光明是了解黑暗後出現的概念，不知道什麼是黑暗，也無法知道光明，光明與黑暗必將失衡。

味覺也是一樣，小孩子喜歡吃的柔軟食物以及甜膩的菜餚，談不上美味，還是需要在入口的當下，加入讓人可感覺出苦、辣的香料，才能提出菜餚的美味。同樣地，凡事開朗的人缺乏深度也是事實，人因爲有陰暗面（負面的部分）而更增添魅力，不是嗎？

※　※　※

負面代表另外更大的涵義。

負面想法來自悲觀、不安、恐怖等令人不愉快的情緒，但是精神醫學認爲這些情緒是身體的生理防衛反應。也就是說，當環境急速改變，長時間承受即使是輕度的壓力，身體仍自然想要抗拒，情緒動搖著想逃避現實。憂鬱症等精神疾病，就像是自動跳起要防止發生短路的保險絲。

所以想法負面煩惱這件事就像心靈的樓梯間，是人們調整情緒的必要平臺。

不過對人來說，過度疲勞或者因爲人際關係持續緊繃、痛苦，「心的保險絲」一旦跳起，不是輕輕一撥就可以立即恢復供電，其實馬上恢復原狀是有危險的。

明明情緒低落，卻無法消極以對時會如何呢？可能會出現以下的精神症狀，例如避不見面、失去記憶、變成多重人格，嚴重時甚至自殺。

雖然女性憂鬱症患者的人數是男性的兩倍，但是選擇自殺的人數還是男多於女，現在已經知道的比率達到七成之多。

有人解釋女性自殺不多的理由之一是，女性比男性更懂得表現負面情緒，社會也允許女性發牢騷。相反的，較多的男性選擇結束生命，因爲他們不敢吐怨言，讓人看到負面的一面，卻又無法正面造成的。

對太正面的人來說，承認自己的負面情緒不一定都是壞事。它具有重大意義，想法負面有助於適度釋放，就像安全裝置。

深化人際關係的關鍵是「負面」

負面的因素是建構、深化健全人際關係所不可缺少的。

每個人應該都有與人吵架起衝突後，因爲不打不相識，交情反而更好的經驗。

無法與人建立除了相互依賴之外，有時也會彼此傷害的深刻關係，就是所謂鄉愿的人。很難承受壓力，既不敢讓人看到自己的缺點，也不敢找人商量。其實不管關係再契合，一定還是有令人討厭、無法接受的部分，如果不能共有那些部分，一定沒有辦法深交。

要讓人眞正尊敬、深化彼此的連結，不能只表現出好的，該說的還是應該坦率說出（當然不能太過傲慢、逞威風），負面的部分也不逃避。有些人擁有眞正值得信賴的人際關係，一定都是那麼做的。

只靠金錢、地位、名聲這些加分因素，或者只有在飛黃騰達的時候才是好朋友的「大人的人際關係」，狀況發生時是很脆弱的。那種關係不是不好，但是一旦身陷危機等負面狀況，還能緊緊相連一起努力，如此才是幫助我們擺脫困境的助力，在順境時帶來加倍的喜悅。

男女關係也是如此，送禮取悅對方，不管對方講什麼都照單全收的人，結果經常淪爲被利用的對象。人是很任性的，越得不到的越想要，對越順我們意的，反而失去興趣。被人熱烈追求雖然很煩，一旦對方保持了距離卻又感覺不滿。

「這個人總不聽我的話，有的時候眞的很難搞，還會挑起我的痛處，說不一定有一天會厭倦我了」這麼想之後，不想分開也很難。

藝人離婚時列舉出的理由經常是「個性不合」、「價值觀不同」，有人說那是因爲兩個人都善於表現自己的優點，所以沒有辦法深入溝通，戀愛的時候，不去看到負面的部分，總是太過正面看待對方的緣故。

不只是藝人，人的個性與價値觀原本就不一樣，如果差異那麼大，卻不在事前確認清楚，便貿然結婚，婚後補救認清負面的部分，則更顯重要。但是人們卻又常在結婚典禮致詞時，要新人「婚前張大雙眼看清楚對方，婚後睜一隻，眼閉一隻眼。」

我認爲工作時也有必要刻意表現出負面的部分。

只報喜的業務員是很難讓人信服的，美麗的辭藻無法讓客戶掏錢，反而是「雖然有這個缺點（有些貴等），但是產品的魅力卻遠遠超過它」這個說法反而値得信賴，讓人想要花錢買。

如果只做一次生意，可以講得天花亂墜，甚至欺騙（這就是會有客訴的原因），但是就像長青品牌可以長存，一味欺騙的辭藻，客戶是不會掏錢的。爲了與顧客維持長遠的關係，有時必須承認自己的缺點，而它一定能夠帶來値得信賴的關係。

過去，企業會刻意隱匿負面的消息，擔心說實話會影響公司，但是現在已經知道，掩飾只會帶來更大的壞處，這可從近幾年的黑心食品、汽車、熱水器等事件看出。

產品有缺陷、發生問題時該如何處置，如何公開資訊？處理過程的成敗決定企業的價值。產品熱賣時做什麼都很順利，重要的是出了問題、遭遇困難時的作法。

與人相處也是一樣，好好地解決負面衝突，將更突顯正面的價值。《失敗學之建議》的作者，東京大學名譽教授畑村洋太郎也在演講中這麼說——

「人看不到不想看的，也不想看見負面，但是我們必須帶著堅強的意志去看到負面部分，『掩飾失敗』看起來好像很正面，卻只是在混淆視聽，以企業爲例，最後可能要再次面對人命死傷，或者幾十倍於先前損失的失敗。」

而企業界中主流的「企業教練」，也只對懂得修正問題、重新站起的人有效用，有專家指出一味鼓勵沒有能力的人會出問題。要提高問題的解決能力，還是應該指出缺點，並提出改進之道。

在此要重申，因爲害怕破壞與對方的關係，無法說出想說的，是沒有辦法深化人際關係的。說性善太正面，說性惡又太負面，要建立健全的人際關係，還是須在兩者之間取得一個平衡點。

要讓人真正尊敬、深化彼此的連結，不能只表現出好的，該說的還是應該坦率說出（當然不能太過傲慢、逞威風），負面的部分也不逃避。

挫折經驗帶來巨大的能量

接著要介紹挫折與失敗這類負面經驗所具備的力量。

大家都知道「THE ALFEE」這個樂團嗎？這是成立至今超過三十年，依然受到許多歌迷的愛戴，代表日本的搖滾樂團，但是他們在出道後的九年當中，因爲沒有歌曲暢銷，吃了不少苦頭。

看看同時代有哪些樂團，直到現在還可以讓武道館座無虛席。成員當中的高見澤俊彥曾說：「不管在哪個業界、哪個領域，向下扎根的時間越長，爆發力越大，力量也才有辦法持續。」

另外，我也從美日兩國獵人頭公司的負責人口中聽說，他們有興趣挖角的對象，都是有「遭遇過冷凍經驗」的人——被排除在公司主流以外，曾被下放到高層與人事都不理會的部門。

一般人面對那樣的情況，大多因此失去幹勁，什麼都不做，任憑時間流逝，但是有能力的人相信「自己有辦法重建這個部門」，會全力以赴，並且真的做到。就算做不到，也能因此獲得在「溫室」中無法擁有的寶貴經驗。

只要是人，不被重用當然會失望，優秀的人更是如此。不過，「不被重用」不全然都是壞處，不要忘記其中蘊含著象徵未來機會的種子。

說「我才不在乎不被重用」的人，除了太正面也是在逃避現實，還是要面對「不被重用這個事實」，看看哪個地方出了問題。

※　※　※

事實上，日本知名評論家竹村健一也曾經被發配邊疆。

在重視社會版與政治版的報社，年輕的他最先被分發到英文編輯部，據說成員都是出人頭地無望的職員，聽說他當時很失落，「竟被派到這種單位……」

後來，他在某電臺節目訪問裡提到：「但是我換個角度想，有薪水領，還可以學英文，進而希望將空閒的時間過得更有意義。」

有名的比爾．蓋茲也有一段空白的人生時光。

據說他小時候多愁善感、相當叛逆，因爲發育遲緩的關係，還曾經接受過心理醫生的諮商。在學校經常遭到欺負、被取笑，當然朋友也很少。

年輕的蓋茲在那樣的狀況下，拚命摸索自己的人生道路，結果在十二歲時接觸到電腦，將孤獨的能量傾注在電腦裡。

雖然活著好像很多餘，但他還是堅信「不會就這樣結束的」，堅持找出自己的價值。

因此重要的是，賦予人生的空白時光怎樣的意義，能夠做些什麼事情。確實做好該做的，「不被重用」反而是成長所不可缺少的要素。

如果竹村、比爾蓋茲都走在所謂的坦途上，絕對不可能有今天的成就。如果他們正面看待人生，以爲「人生很長」，喝酒忘記煩惱，一定沒有今天的這番成績。

劇作家大石靜在電視節目中也曾說過類似的話。

「優柔寡斷的人有瞬發力，也就是爆發力。女性好像經常煩惱，不過煩惱過後大多就『算了』，所以女性的適應力比較好，但是成長有限。相反的，天才多是男性，也跟這件事有關。」

當然，還是有很多男性猶豫不決，無法將猶豫的力量轉化爲爆發力，也有很多女性「爆發」出來之後成功收場，不能一以概之，但是我們同意這樣的說法「選擇性正面的人對自己太好，善於爲負面的狀況辯護，以致於不大成長」。

挫折、失敗等負面狀況，是正面看待並檢視自己態度的機會。

「『最後一名』也可能變成『第一名』，只是，要怎麼做呢？哪裡還不夠呢？目標應該在何處呢？」

「在被打入冷宮的現在，正是站在成爲獨一無二自己的入口處」，如此的思考，將眼光放遠才是重要的。

「已經厭倦貧窮……」

「已經厭倦寂寞的人生……」

「已經不想再輸！」

「已經不想再被瞧不起。」

「已經不想再被說是胖子、醜女……」

仔細想想，能夠持續不斷努力的人，大多有過慘痛的失敗經驗，但是那些經驗似乎也都成爲他們奮鬥的動力來源。

「一切都從承認失敗開始」——挫折增添人的魅力，不是嗎？

因此重要的是，賦予人生的空白時光怎樣的意義，能夠做些什麼事情。確實做好該做的，「不被重用」反而是成長所不可缺少的要素。

負面思考的禮物

有些事情因負面而生。

典型的例子是藝術。

藝術家是充滿表現慾望的一群人。只是，慾望不一定能夠順利獲得釋放，因爲不懂得在腦袋裡做一番整理，所以鬱悶難解，又因爲希望別人能夠理解，所以悶悶不樂。卻也因爲想法負面，所以能創作出獨樹一格的繪畫、音樂。

很多著名的創作者都有性格上的問題，或者苦於憂鬱症、吸毒、酗酒，有名的莎士比亞據說就很神經質。缺乏負面元素與感性的人，創造不出好的藝術，這些是從不深思、想法正面的人做不到的。

人生有時候也會因爲「做不來」這類的負面理由，反而決定了未來的方向。

京都有位小姐名叫岩崎峰子，人稱「傳奇的藝妓」。她在描寫自己前半生的著作《祇園的教訓》（幻冬社）這本書中提到「我很幸運有個怕生的個性，如果我有跟誰都可以馬上熱絡的「才能」，我就不會努力想讓客人開心了。」

因爲不善言詞，所以技藝有進步的空間，如果能言善道被捧上天，一定不會專心磨練表演功夫了。因爲害羞不會講話，反而能夠用心磨練自己的表演功夫。

因此，人在從事某些事情時的原動力與能源，經常是某方面的情結。對我來說，懷抱著錯綜複雜情結的人，都很有活力又充滿韌性，沒有情結的人反而普通。

演藝圈也是，成功得來不費工夫的人，一旦事業開始走下坡，便會輕易退出。但是用盡手段，克服情結才獲得成功的人，即使人氣下滑，也不輕言放棄。

※　※　※

越負面的人越有著錯綜複雜的情結。

我身旁的醫生們也是如此，從學校以頂尖成績畢業，一路上都是模範生的人，大都沒什麼慾望，這些只經驗過第一的「特殊」人士，雖然活躍在雲端，但是大多認爲「工作過得去就好，只要家庭幸福」。

相對的，險些無法考取醫生資格的人，反而比較貪婪（對當事人來說，低人一等的負面感受轉化成了能量）。

我就是這樣，很不擅長數理，成績總是很差。

但是我在某一天想到，「要看清事物的本質，還是需要技術，即使成績吊車尾，還是應該選讀理組，多少懂一些數學與物理。」

大學的時候也經常跟同學討論，到底應該選修擅長的科目，還是刻意選修一些讀起來辛苦的。

文組學生大多說「修自己擅長的科目就好，已經放棄了討厭的數學。」、「選修討厭的科目，既不愉快也浪費時間。」

但是很多理組學生都認爲，「挑戰討厭的科目，可以學會解決問題的方法，對於提高既有的能力，當然也有幫助。」

我沒有意思要分孰優孰劣，但是我不喜歡年紀輕輕就挑食、輕易附和前人想法的人，很爲他們的未來擔心。給人從小只會打棒球印象的鈴木一朗選手，也警惕自己，不可以只有棒球。

天生便是美女的女生，不會特別研究化妝，所以妝化得不好，而對容貌沒有自信的女性，因爲經常思考怎麼化妝讓自己看起來更漂亮，所以技巧都很好（所以人妖的妝更有女人味，寶塚劇團那些反串的男生，更有男子氣概，似乎都是相同的道理），這些都是負面情結轉化成能量的例子。

身兼演員、水墨畫家、陶藝家等角色的片岡鶴太郎，也曾說過同樣的話。

大家都知道他是搞笑藝人出身，即使他在人氣最旺的時候，看到共同演出〈滑稽一族〉的其他藝人，自己的內心還是充滿糾葛。

論口才，比不過北野武與明石家秋刀魚，短劇的搞笑本領又不及對手節目裡的志村健。

所以他決定靠演技拚勝負——

「因爲身旁都是才藝絕頂的人，才發現到自己只有模仿這條路可以走，結果引領自己走向演員之路。」

他如此正面的回顧當時，雖然過程是負面的削去法，但是具有自己一套世界觀的人，在乎的是更大的部分，因爲能夠直視負面的自己，內心一定很堅強，這可以從他在演藝圈與藝術界獲得的穩固地位得到證明。很多粉絲一定更喜歡專注藝術創作、戲劇、拳擊時期的他，更甚於搞笑藝人時代。

事與願違本來就很傷神，然而如果又是努力後的結果，一定讓人更加悔恨。或許利用削去法選出的道路對自己最好，若是一直到死都自認「輸人一等」，就太可惜了。

削去法雖然伴隨痛苦，但是一定也有一些最好的答案，得靠削去法這個負面的方法才能找得到。

當負面發威

我們在本章開頭曾提到，負面的優點是「能夠直視現實」，這個能力蘊藏著很大的可能性，用在危機管理上應該能夠有最大的發揮。

譬如，飛機機長在離陸後發現機體異常，就應該立即折返，如果還要再想「雖然有些擔心，應該不至於出事」，那麼這位機長駕駛的飛機總有一天會墜毀。醫生也是一樣，在診斷急診的傷重病患時，如果不能悲觀看待「會不會就這麼死了」，是有失治療者身分的。

因爲，設想最壞的情況，才能夠訂出有效的策略。也就是說，看到負面的部分，對於建立策略是非常重要的。

人際關係也是如此，對再熟悉的人，還是需要抱持一些懷疑。懷疑雖然有些過火，如果彼此連一點牽制的緊張感都沒有，就要隨便了，如此一來，一定不會有好下場。不懂得懷疑的人或許比較沒有敵人，卻也很容易受騙上當。

所以懷疑在工作上也很重要，當主管的檢查過於寬鬆，或是現場聽不到客訴，都可以斷言一定會腐敗。

如果能夠從負面的角度切入，嚴格看待每一件事情，並且加以細分，就能夠看到缺點。不懂得找碴的人，很難有所改善。負面思考有助於我們發揮找碴的能力，這是只看表面就想矇混過關的人所做不到的。

經營學強調「批判性思考（critical thinking）」，簡單地說就是要用懷疑的眼光看待經營上的每件事，不斷地質疑。如此養成習慣後，將不再被表象左右，進而能夠提高解決問題的能力，做出智慧的判斷。你或許要問，「養成懷疑、找碴的習慣就能提高商務能力嗎？」沒錯，這正是負面思考的偉大之處。

所以我認爲想法負面的人適合從事服務業。

服務業的本質，並非單純只是在提供商品與服務，若是能注意到是什麼讓顧客不滿的負面部分——例如討厭聽到什麼話，或者對哪些部分感到不便等，這些皆是成功的祕訣。這些想法負面的人都很在行。

能夠「搔到對方癢處」的人，不但能夠提供給對方想要的，還能敏銳擷取對方的負面心理，「是不是感到不快」、「還在意哪些地方」，他們因爲也有這些負面的部分，所以能夠將它化爲武器。

此外，從事指導或顧問諮詢的工作，就這方面來說也很相似。

順道一提，大家以爲想法正面的人適合從事業務性質的工作，事實上反而是負面的人比較合適。

確實，業務員要有「粉身碎骨」的衝勁，事與願違時能夠立即切換心情，或許是業務員的重要特質。

但是，「那是一個業務員所必須的最低程度的基本技巧，能否成爲一流的業務員，最終端看懂不懂得運用負面思考。」這是一位業務達人告訴我的。也就是說，爲了成爲頂尖的業務員，需要一些負面元素。

知道自己也有負面的部分，才能體恤旁人，他們感同身受的能力特別好。

凡事只看到好的一面的人，最後只會「拋下不管」一途，即使有人找他商量事情，因爲只懂得正面的觀點，只會回答我們之前提到過的「沒關係啦！」、「連這點小事都在意的話，什麼都不用做了。」

當事人因爲想不開所以煩惱，聽到「總之要正面」的建議，也很難因此積極。體育競賽也是一樣，要等到守備強化到某個程度再進攻，才不至於潰不成軍。必須等到我們調整好自己的位置，才能眞正地往正面走去。

「有煩惱才會找他商量，他卻不懂」、「他無法接受負面的我，甚至是我的問題與煩惱」明明遭遇困難，卻被人說「你跟我說也沒有用」，一定會感到憤怒、悲傷，讓尋求商量的人更加難過。

「明明不値得煩惱，卻那麼在乎，眞沒用。」好像連人格也遭到否定，讓訴苦的人感覺悲慘，有種被逼到角落的心情。

事實上，有不少人不仔細聽話就要給意見，有些精神科醫師也是如此。那種態度一定讓患者有著強烈的不信任感，「不好好聽我說些什麼就要提出解決方法，一定都是用猜的。」這樣子當然有給錯建議的危險，同時也太獨斷了。

接納負面的想法很困難，當對方陷入負面低潮時，只有同樣具有負面特質的人，才能夠感同身受，帶給對方安心。

我認爲所謂的傾聽，就是當有人找我們商量事情時，在聽的同時能告訴對方「我懂、我懂」，雖然無法提供什麼建議，但至少跟他一起面對負面的狀況。單單那麼做，就能夠讓對方感覺有人站在他那邊。

我們已經指出，凡事正面的人討厭負面的事物，不知道如何處理負面狀況。不過這種人一旦知道怎麼跟負面相處，就能夠用同理心傾聽，進而看出對方的正面部分。才眞正能夠提供如「雖然如此還是有救的！」、「不是還有這種可能嗎？」的正面建議。

※　※　※

想法負面有助於我們看清現實的原貌，它的最大魅力，就是「反省失敗，做爲今後參考的能力」，這是只會往前看，想法過於正面的人所沒有的能力。

讓失敗的經驗就只是失敗，或是成爲成功的墊腳石，這兩種看法的差別，在於能不能好好面對失敗的經驗加以反省，這樣的作爲正是負面思考的終極正面應用。

當然人不能只有負面的思考。在人類成長的過程中，將觀點從負面變成正面的實際體驗，發揮了很大的力量。曾經看清楚負面的狀況，並加以解決克服的經驗，才能眞正提升問題的解決能力，人格也才能眞正的獲得成長。

如果能夠從負面的角度切入，嚴格看待每一件事情，並且加以細分，就能夠看到缺點。不懂得找碴的人，很難有所改善。負面思考有助於我們發揮找碴的能力，這是只看表面就想矇混過關的人所做不到的。

負面思考型治療師的影響

身爲精神科醫師，經常被問到這樣的問題，「每天聽到的都是患者的負面牢騷，心理狀況不會出問題嗎？」

我想可以這樣回答，心理師治療想法負面的人的心理問題，難道他們自身全都想法正面嗎？當然不是，根據我的實際觀察，大多數的精神科醫生以及心理醫師、諮商師反而想法都很負面。

我認爲，如果自己沒有負面消極的部分，是無法診療患者的。沒有負面的部分，不但沒有辦法治癒患者，更因爲無法感同身受，容易對患者毫不關心。

順道一提，我的學長也是精神科醫師，曾告訴過我一個故事。某一精神病院的年輕護士曾詢問過他——「我對於患者的負面牢騷實在無法感同身受，不管我怎麼努力想去聽懂，我還是只會覺得患者不過是『撒嬌』而已，我是不是不適合當精神科護士？」

我的學長想到那位護士還年輕還有前途，於是對她這麼說「我不是說妳做不來，不過或許妳比較不適合從事臨床的精神醫療，至少我是這麼認爲。這樣下去，或許只是在折磨自己，與受妳照顧的患者。」

據說她在那個當下看起來相當落寞，但是之後轉調手術室，現在她會對他說「還好醫生在那個時候對我說實話！」

※　※　※

或許有些離題，不過歷史上有名的治療師以及專家們，也大多經歷挫折，大多是想法相當負面的人。

像是精神分析始祖佛洛伊德，他也有精神障礙，據說有強迫症。

那個時代的精神科是以催眠療法爲主流，身爲精神科醫師的佛洛伊德，他不擅長爲人催眠，據說爲此相當苦惱。從後來找出的信件中，發現當時他寫信給女性友人，發洩不滿的情緒，在寫信的過程中他得以客觀地看到自己，因而找出克服問題的方法。據說就是不借助催眠的力量，後來發展成以談話爲主的「精神分析」。

現代精神醫學對佛洛伊德的精神分析多所批評，加上治療的效果並未完全被證明，所以逐漸式微。不過在治療過程中積極處理所謂「動態」的心理糾葛，完全是劃時代的嘗試，對精神醫學發展歷史來說，其巨大的影響不容置喙。即使治療效果不好遭受批評，但是他不曲不撓地化解情結，以此爲跳板，進而想出新理論加以突破的態度，確實是最新精神療法的原動力。

亞倫·貝克博士[4]開發出憂鬱症精神療法中可信度最高的「認知療法」，據說他也是惱於精神疾病的人。而將「失敗有它的意義，賦予失敗意義則決定了下一次的行動」，這個概念帶進精神科的治療，可說是貝克博士的貢獻。

4　Aaron Temkin Beck，1921～，知名美國精神病學家，1960年代開發出「認知療法」（Cognitive Therapy），發展出的多項量表，目前也廣泛被醫界，學界使用。

另外，創造所謂「森田療法[5]」，馳名世界代表日本的森田正馬，文獻資料顯示他也曾經苦於神經衰弱這個症狀。

無法去除執念、陷入痛苦不能自拔時，勉強自己正面，有時只會帶來痛苦。

遇到這種時候，森田療法主張不做無用的抵抗，要先「維持現狀」。大家都有過腦海中出現討厭的念頭，卻受困於這些想法的經驗，此時，不要勉強去除念頭，要像漂浮在空中的白雲，接受事情本來的樣貌，暫時保留不處理，不受到念頭進一步的影響，執著自然會在生活的過程中慢慢減輕。

※　※　※

於此列舉的有名治療師，都曾在面對失敗等狀況時，能夠勇敢地面對自身負面的性格與氣質。有時甚至往內讀到自己心裡的複雜情結，以它爲跳板開發克服的方法，同時又充滿活力地面對患者。正因爲知道負面想法的偉大力量，那些治療法才能獲得大家的支持，不是嗎？

5　1874～1938，日本及世界知名精神病學家，創造了「森田療法」。此療法的特殊性在於融入東方佛法的思想，和當時西方的精神治療法大異其趣，因而受到注目。

第3章

一旦發現
太過負面的自己

過度的負面會逼苦自己

蘊藏著很大可能性的負面，會因爲方法錯誤而變成缺點。

當太過於負面的時候，只能以負面看待一切，會變得只說不做。

總是在相同的環境、面對相同的人，世界會越來越小，而太負面的人，最擅長爲「不去改變」、「不去挑戰」找理由——

「做了也是白做。」

「反正沒什麼意義……」

或許白費工夫，不過若不去試試，將無法得到那些超乎我們想像的東西，譬如感動等。

有些人挑食，很多食物不曾吃過就先討厭。由於口味熟悉的食物令人安心，但也等於失去了吃到更美味的食物的機會。

以下的內容可能有些離題，據說經濟評論家們都知道，要讓預測準確的絕對方法，就是「往壞的方向預測」。

一般而言，經濟與企業的業績大多往壞的方向發展，只要持續看衰，總有說中的一天。相反的，大多數樂觀的預測最後都會落空，而且一旦少了正面的意見，壞的部分都會顯現。

唱衰很容易，只批判不給替代方案的人，同樣沒有解決問題，也很輕鬆。過分負面的人可能染上了負面思考這個毒癮，對自己的負面想法有絕對信心，「那是最好的方法」，給予過度的肯定。

「不可能喜歡上他！」、「反正一定行不通。」等等，對自己的負面想法有絕對的自信，在不知不覺中固守著「負面最正確」的這張王牌，反過來也可以說是「太過正面」地陷於過分負面的想法中。

其實想法負面的當事人比誰都清楚「這樣下去解決不了問題」，卻怎麼也正面不起來。

往好處想卻得到不好的結果，等於告訴大家自己缺乏判斷力，於是心慌，導致再碰到類似狀況時，不知道如何面對做不來的自己，而感到非常害怕……。

※　※　※

但是，拒絕正面，真的能夠只靠負面想法適應現實嗎？

答案是「短期可行，中長期行不通。」

本章要思考如何擺脫太負面的想法、完全負面的心態。

首先要澄清，我絕對不是說做任何事情「都要正面」，我只是想說，「負面本身不壞，但是讓我們擺脫過度負面的狀態。」如此對於解決問題、適應現實，發揮負面原本的力量、優點，都是必要的。

當太過於負面的時候，只能以負面看待一切，會變得只說不做。

重新站起的祕訣

有不少太過負面、做任何事都缺乏幹勁、總覺得心虛的人，其實是染上了思考的壞毛病，擔了多餘的心，造成自己不安，並且徒增痛苦。

大家有沒有這樣的經驗？

工作失敗時意志消沉，總會說「我的人生是一連串的失敗！」，失戀被甩時怨恨命運，則說「我是誕生在永遠得不到幸福的星球上的女人。」

明明拿到了一張大合約，只因爲主管說「雖然做得很好，如果能再積極一點，或許不會花這麼多時間」，就認爲「自己不適合做業務」，只看到煩惱不好的一面。

只因爲男朋友的稍一冷淡，就鑽牛角尖地以爲「他不愛我了」，深深受傷……。

我想每個人的心中都曾出現過這類負面的情緒，若是凡事如此，那就太超過了，是不切實際的人生態度。

如同先前的例子，感到難過是因爲把問題看得太負面的緣故。把某些狀況看得比實際嚴重，認爲「跌到谷底」，或者一概以爲「做什麼都沒用」，或者將小事擴大解釋，太急著想看到結論。什麼都要分清楚黑白，將沒有辦法看清現實。此外，把責任全攬在自己身上，以爲「都是自己的錯」，也是一種壞習慣。

※　※　※

第一章講到過分正面是在逃避現實，然而很多時候過分負面也是逃離現實。

不去做解決問題需要做的麻煩事情（實際行動需要想法正面，並且勇於面對困難），爲了避免期待落空，想法最好負面、抽象，那麼一來，至少能夠應付當下。

就像「成功的祕訣不多，失敗的藉口無限」這句名言，想法再怎麼正面，還是很有可能無法立即成功，就算積極想出適當的解決方法，要讓它確實成功，必須搭配檢驗它「是否眞正有效」的一套措施。但是那樣太麻煩，還是不要想下去，維持負面的想法，當下就能輕鬆許多。

沮喪時聽到同事升官或者結婚很幸福的消息，特別會感到不安，即使自己一點也沒有改變，很自然地會感覺好像只有自己最不幸，心情不斷往下墜落，大家都已經在自己所不能及的世界，只有自己還留在原地，感到寂寞。

狀況不好的時候，不知不覺會認爲對方「沒什麼了不起」，想要否定，表現出生氣的態度，或者裝作無所謂，內心卻希望對方「趕快失敗」，同時又更討厭那樣的自己……。

※　※　※

過度負面想法的好處，在於讓我們可以瞬間不去看到令人難過的現實，但是養成那樣的思考習慣，只會讓情形更加的難堪。

有幾個方法可以幫助我們擺脫過分負面的狀態，但是在那之前還是要再三強調，不需要急著改變。

我們沒有辦法在情況不變，硬要自己正面以對，個性再好的人，被逼急了還是會發狂。

首先要鼓起勇氣面對現實，知道「不能再這麼下去」，其實在初期的階段，能夠做到這一步已經不容易了。

接著就是「注意自己的遣詞用字」，檢查自己在表現當下處境與心情時，是不是會說「好憂鬱」、「好害怕」、「沒辦法了」這類粗略、抽象的言詞。

當我們的內心失去餘裕時，想法會變得僵硬、極端，不是黑就是白。事情不順利時，會輕易說出那些抽象的話，脫口而出的話，會再彈回來打擊我們，讓我們陷入「負面螺旋」裡。

難過的時候，你總說「太糟糕了」、「真沒用」、「不可能啦」、

「完蛋了」、「全都完了」等等的話嗎？

如果有那種情形，要停止再想，告訴自己「確實有些地方是不好的，但不是全盤皆輸」，改說更爲正確具體的話。加入這個步驟，可以讓想法與解決對策更爲具體，應該就能止住負面螺旋的繼續轉動。

過度負面想法的好處，在於讓我們可以瞬間不去看到令人難過的現實，但是養成那樣的思考習慣，只會讓情形更加的難堪。

與太過負面的自己「唱反調」

不讓想法更偏向負面的另一個有用方法——

那就是「自己安慰自己」。

每個人都曾在難過的時候，因爲獲得安慰而心情變輕鬆的經驗。當時的狀況一定是，對方在傾聽我們訴說的同時，也溫柔地與我們唱反調，「還不是太糟糕嘛！」、「你很好呀！」、「從現在開始努力的話還是可以補救呀！」

情況好的時候，我們自然都懂得爲自己打氣，所以只要透過練習，養成在負面消極時，也能安慰（稱讚）自己的習慣，告訴自己「還是有辦法的。」、「不要輕易放棄。」

當我們往負面看事情時，往往都很巧地（或者也可以說「不巧地」）只會看到負面的事實。

正因爲如此，更有必要去懷疑「眞的是這樣嗎？」

※　※　※

第二章已經提到，懷疑是避免上當受騙的重要態度，而跟自己唱反調，也是不讓自己身陷過分負面狀態的關卡。

和執著於負面的自己唱反調時，有以下幾個重點——

第一就是要「找出證據」，找出讓你往壞處想的事實。

假設曾經說你壞話的同事與主管正在看著你，當下你會生起「一定又在說我壞話」的感覺，然後開始生氣……。

事實上，對方只是在看你，就算眞的像在說你的壞話，「一定又在說我的壞話」也還只是假設，如此的假設有可能是你對主管，甚至是對自己的期待幾經扭曲後的表現。

即使你把浮現腦中的「證據」當成負面思考的根據，並且深信不疑，也不可能百分之百的正確。冷靜地想想自己「會不會太重視腦海中的證據了」，如此就能爲極端的想法踩煞車，讓心情恢復平靜。

第二就是找出「反證」。

也就是找出讓你「難過」的證據的相反事實，即使小到不足取也沒有關係，總之要想出一些好的、快樂的回憶。持續這麼做，找出你幾乎已經忘記了的、忽略了的「小正面」，也有助於爲負面思考踩煞車。

客觀列出結果與事實的這類根據，甚至刻意有些誇張地找出反證，對於改變他人或自己的固著思考方式都很有效。

最後就是「要跟自己唱反調」。

一旦懂得在心情難過時，找出證據與反證，問自己「眞的是那樣嗎？」多少就能釋懷，這樣才眞正有辦法解決實際的問題。

假設工作被主管及同事罵「太急了，不對」，當下感覺不快，煩惱著「我果然做不好」、「是不是被大家討厭了」，這些皆是人類的正常反應，只不過老實地相信他們說得都對，只會逼苦自己。

可以試著如此反問——

「確實，對方或許對我感覺不快，但是因此認爲全都是自己的錯，是不是太草率了點？年輕的我不怕犯錯，勇於挑戰應該沒有錯……」

這個時候，不要以爲「全都是自己的錯」或者「自己永遠都是對的」，想法可再彈性些例如「有些意見我應該接受，但是自己應該還是有做對的地方」。

即使主管說「你的想法走偏了，是錯的」，讓你當下很挫折，然而還是能夠退一步想「主管這麼說也不一定就是正確，是不是自己的想法新，因此很難被接受」，還可以想想「別人會怎麼說」——

父親在世的話會怎麼說？景仰的前輩或者好朋友會怎麼說？尊敬的坂本龍馬會怎麼想？

養成從許多面向看事物與自己的習慣，將有助於不被情感吞噬，可以運用理性解決問題。

以下是一些「內心專用小抄」，試著用它反問自己——

「是不是過度期待，因此而感到難過？」

「也曾經做對過，不是嗎？」

「偶爾犯錯不也是很好嗎？」

「只喝愛喝的酒吃愛吃的食物對身體不好，同樣的，凡事順心不一定就是好的吧？」

「爲了不要在五年之後後悔，該如何是好？」

「或許有些徵兆，但不一定那麼糟吧！」

「也不是只有壞的方面，還是有些好的吧！」

「雖然有些事情無法挽回，但是跟從前比，還是有一些改變，既然如此，爲什麼認爲未來不會改變呢？」

有些時候因爲想開，心情得以放鬆，視野也因此擴大。

不過要小心一件事情——

沒有辦法順利反問自己時，恐怕因此會認爲自己不好，進而開始消極，所以在這個階段不需要勉強自己去唱反調，可以打個問號「保留」就好。

偏差想法調整表

狀況	讀了這本書一點用也沒有。
心情	生氣（約爲人生最大怒氣的80％）
想法（影響心情的事實）	介紹的全是一些小把戲，不可能對自己有用。
根據（證明想法的事實）	全是無法接受的內容。
反證（多少與證據衝突的事實）	但是也介紹了精神科廣爲使用的認知療法等內容，或許不能一竿子打翻一條船。
難道沒有其他的觀點	將所有的期待放在一本書裡不也有問題？只要有一件事情可以參考，不也就是有收穫了嗎？
心情的變化	生氣的感覺減到了30％。

調整表說明

在精神科實際治療時會使用到這樣的表格，範例中一開始感到80％生氣的人（假設人生最大怒氣爲100％），想法經過調整，最後減到了30％（當然人生不一定因此變成「彩色」的）。

如果懂得運用這種調整的方法，也就能處理悲傷、不安、失落等其他情緒，如此就能控制自己的情緒，不過這當然需要練習，習慣後不需要表格就能控制情緒，就能讓心情輕鬆。

另外，理解這個步驟後，也能用來安撫別人的難過情緒。

如果能夠利用這個方法反問自己「眞的如此嗎？」，爲太過的負面想法踩煞車，接著，「難道沒有別的想法」就能夠派上用場。

控制情感變得「客觀」

負面的人的情緒起伏，原本就比一般人要大。情況越嚴重，越傾向擴大解釋，甚至極端到——「不管做什麼，人生都了無希望」、「好累，什麼都不想做」。

這樣想當然無法做出冷靜的判斷。當透過扭曲的鏡面看事情，現實會放大（或縮小），這麼一來就跟凡事正面的人沒兩樣，最終都是在逃避現實。

前一章提到負面思考人的特徵，具有「能夠嚴格、仔細檢是事物」的才能，但是一旦發展得太過，會連自己的缺點都要拿放大鏡檢視，同時也要放大別人的缺點，就會變得喜歡嘲諷。

那麼，難過的時候，要怎麼樣才能客觀地看待事物呢？

重點是不要過分美化，也不要過分醜化事物。

也就是說，即使湧現不愉快的情緒，也要刻意練習「不誇張地判斷」，也可以說是保留判斷。讀者們可能都以爲這是理所當然的，但也不容易做到。

每個人都可以很快學會這個方法，不過在習慣之前或許會有不舒服的感覺，總之要反覆的練習。

那個「不舒服的感覺」是什麼呢？

它的眞面目其實是我們「想要趕快獲得解決對策，讓自己安心」、「想在瞬間消除眼前不快」的焦慮，也就是我們的「慾望」。如果不努力改變想要一舉逆轉勝的習慣，調低過高的期待值，放慢速度，不安與難過的感覺是不會減輕的。

不過就算做到了，爲了客觀看待負面的想法，還是必須抑制「情感的起伏」。

太過負面的人一旦出現難過的情緒，會將他的想法往負面拉，以致輕易說出或者做出平常絕對不會說、不會想、不會做的事情。

爲了加以防範，我們必須確實控制過分負面的情緒，要能改變背後的價值觀與狀況。負面的人聽到有人對他說「要積極向上」，會感覺被推了一把而想反抗，因爲那些建議都沒有考量到價值觀等層面，只看表面。

相反的，一旦能夠看到並爲其撫平背後的情緒，對方應該就能擺脫過分負面的想法。

任憑情緒膨脹，是不可能冷靜看待現實，唯有控制情緒才眞正能夠帶著理性，確實看到負面狀況。

即使湧現不愉快的情緒，也要刻意練習「不誇張地判斷」，也可以說是保留判斷。

看開是改變現實的第一步

讓自己不受情緒左右有幾個重點——

大家應該都有過這樣的經驗，面對棘手的人事物，當我們能夠看開，改變態度，如「過去爲什麼那麼在意這件事（這個人），眞是太無聊了」，情況雖然沒有改變，心情卻整個輕鬆下來。

像這樣，與造成我們難過、不安的人事物「保持距離」，大多能夠不再被情緒所左右。

就像「幽靈眞面目，原來是枯萎之花」，這首川柳短詩充分描寫出受到了情緒干擾，以為看到了幽靈，事實上只是枯萎的花草。把沒有的事情變得活靈活現，進而做出錯誤的判斷，正是不安時的典型情況。

難過的時候，連墨水的墨漬都讓人有種不快的聯想。然而，在一般的精神狀態下，都能立刻冷靜以對，反駁自己「就是墨漬嘛……」、「說什麼都行……」，因而回復意識。

※　※　※

「保持距離」，可以從「空間」與「時間」著手——

「空間」是指試著將自己的立場與朋友、第三者對調，嘗試改變看事物的角度，就像先前介紹的，「要是別人會怎麼想？」、「要是敬重的那個人，會給什麼樣的建議？」學會這個方法，就不致於太獨斷，也能讓心情放鬆。

另外要在空間上保持距離，找人商量也是一個好方法。找頭腦清楚的人商量，有時自己的想法會變得更有彈性，或許當下就能重新站起。

「在時間上保持距離」的方法是這樣子的——

將時間軸往過去與未來拉長，很多只看到眼前利益，讓人煩惱難過的事情，在事後都會讓人感覺「還好當時那麼做了」。

「爲了不讓十年後、二十年後的自己後悔，現在怎麼想比較好……」

「過世的爸媽會給什麼建議呢？」

「其實太貪心了，難道因此忘了初心嗎？」

只要能夠看開就能輕鬆，相反的，爲了讓自己輕鬆，只要看開就好（當然，能不能很快地看開是個問題）。

快要被難過與不安等負面情緒淹沒時，也可以試著問問自己——

「那件事真的全都令人難過嗎？」

「那件事真的重要到值得自己左思右想嗎？」

「雖然覺得無法挽回，但是真的沒有別的路了嗎？」

試著看開，一定會發現「事情不是那麼一回事」。

不少人可能會想，那只是單純不服輸、虛張聲勢罷了，不過，不服輸這件事，對於心的健康其實非常的重要。

抱怨不停而不去挑戰，只想逃避問題，只想讓自己不再難過，只是在延後問題的發生，只會重複相同的失敗。

正視問題，看開了之後，最初表現出來的不服輸與虛張聲勢的態度，也是很好的，能夠在跌倒的地方爬起來，重新面對現實。

如果能夠將「看開」定位爲擺脫過分負面，邁向積極正面的第一步，之後再靠自己慢慢學會控制情緒，這也是很好的。

面對棘手的人事物，當我們能夠看開，改變態度，情況雖然沒有改變，心情卻整個輕鬆下來。

知道自己「能夠應付」，不安感會跟著消失

不安、緊張與恐懼皆是很強烈的情緒，不管任何時間、地點隨時都可能露臉，所以很棘手。

或許是在運動場上、商場上或是談戀愛時，在人生的每個過程中阻礙我們發揮實力，甚至奪走我們的機會。

但是，在我們感覺不安與強烈恐懼的當下，讓我們害怕的事情不一定都會發生。

譬如「或許會墜機」這個感覺，除了墜機的危險外，更大的不安來自於這件事情超乎我們「可以應付的能力」，因爲束手無策，所以害怕。

好比在眾人前演講，最初會感到強烈的不安與緊張，甚至想逃跑，但是累積經驗抓住要領後，就能不緊張，沉穩地侃侃而談。

明白失敗造成的損害沒有想像中那麼大，不安與恐懼感便會減弱，其實也是因應能力提高的緣故。

即使是小問題，若沒有能力應付，我們也會把它看得很嚴重。

像是剪頭髮時頭沒來由地癢，或者在擁擠的捷運車廂，感覺鞋裡有異物，因爲沒有辦法立刻抓癢或者把異物拿掉，不舒適的感覺會更強烈。

如果當下可以馬上抓癢、或脫下鞋子清除異物，就不至於不耐煩。我們會生氣、不耐煩，都是因爲誇大了自己沒辦法解決的問題所造成的。

並不是每位罹患精神疾病的人，都曾經遭逢極大的變故，即使發生相同的事情，還是有很多人不會生病。

會不會變得負面，還是跟處理的方法，以及有沒有自信可以處理解決有很大的關係。

譬如生意上出了問題，跟男女朋友起衝突，或者擔心身體疾病，進而感覺緊張、不安與恐懼。

面對這些狀況，首先要能確實看清楚實際的危險性，「眞的那麼恐怖嗎？」如果進一步發現問題不是出在危險，而是在於自己沒有能力處理時，把它講出來，意識到它，「相較於實際的危險，原來讓我不安的是我的處理能力不夠」如此就能避免捲入過分擔心、過分不安的情緒中，也能稍微釋懷。而爲了想要提高因應的能力，開始有餘力思考解決的對策。

撇開「就算發生地震自己也不會遇害」這類過於自信的樂觀人士，一味地擔心地震可能發生，不安的感覺也不會消失，只有藉由避難逃生訓練，提高因應能力，做好防災準備，專心過好每一天，不安的感覺才能減輕，也才能看開，眞正體會到「盡人事聽天命」。

爲明天做準備或許比活在當下來得聰明，但是與其擔心未來，更應該擔心抵達未來的過程。問問自己現在可以做什麼，因爲過程是可以準備的，是從現在可以改變的部分。

一點一點放手冒險

就像前面提到的地震對策，調整過於負面或過於正面的思考壞習慣時，不能只靠頭腦，更應該實際行動。

在科學的世界中，建立假設展開實驗，當結果不如預期，不能只想著「不可能」、或是「一定是實驗方法不對」，還要更進一步懷疑假設，「是不是設定的前提錯了」。現在有不少被認爲絕對正確的假設，經過實驗後完全被推翻了。

「透過行動顛覆過去以爲絕對正確的事物，接著想法便會跟著改變」，這正是人類改變想法與思考時，不能缺少的步驟。

本來以為跳不過的跳箱，只要跳過，就會知道「沒什麼大不了的」小時候我很怕坐飛機，懷疑「大鐵塊怎麼能在天上飛」，但是現在搭飛機已經是家常便飯。

當發現內心又在抗拒時，以為「做不到」時，如果懂得問自己，「即使感到不安，對未來悲觀，但是很多時候的結果不一定都是一樣的，如果放棄了而不去挑戰，便不會有這些經驗，不是嗎？」得到的回答一定是「對啊！」

反覆練習有助於修正調整你的思想，至少可以為你除去想法太過負面的原因，讓自己的想法更貼近事實，因為「沒有行動，想改變想法、觀點是很難的」。

※　※　※

其實，過去有段時間，我也是在做之前會先想到「沒辦法」的人，很容易擔心，想法總是過於負面。

那樣子的我又是如何接受了正面，甩掉負面的呢？全都是朋友的影響。

當時我還待在家鄉，已經有朋友在東京工作，那個人想法正面，打從我認識他開始，常對他的積極正面感到懷疑，老是取笑他。

但是我看著他活躍於工作場合，失敗後記取教訓，持續前行的勇健模樣，讓我開始認爲「只要想法正面、行動積極，即使失敗都有它的意義。」

跟他互動當中，我也不知不覺地感染到他的正面。

他還讓我知道，行爲可以改變想法。

有一次我到東京找他，他帶我逛東京街頭。

涉谷、明治神宮、原宿、表參道、青山……

鄉巴佬的我在那之前只聽過地名，內心便激盪不已，覺得東京眞是個了不起的地方，但是實際走訪之後，感想竟然是「什麼啊，不過如此。」

（東京好小，青山與原宿幾乎沒有住人，大家都是來自埼玉與千葉，如果我想要購物，搭新幹線或飛機就行了……）

我那樣想著。

走在東京街頭的那幾個小時，我感覺到「不過如此」，也確信「不更積極正面，就會被想像耍的團團轉」，同時親身感受到，「雖然有不安、勉強，但還是要做了之後才知道，因爲悲觀的預測有時也會出錯。」

這麼想之後，對討厭的東京也有了新的看法，知道「東京有很多聰明的人」，開始出現這樣正面積極的想法「想在東京工作，希望跟這些頭腦好的人互動，獲得刺激，把所學應用在治療上。」

當然，積極正面不一定保證能夠成功，但是可以確定的是挑戰變成了一件有趣的事。

行動之後獲得的經驗，經常可以改變一個人，我想以跟異性告白爲例，介紹行動代表的意義——

「我這種人告白一定會被拒絕！」

「女生主動告白太丟臉了！」

大家告白前一定都猶豫過，但是不告白、不邀約、什麼都不做的話，永遠無法發展出關係。

做了之後才會知道，「原來他比想像要好」、「雖然長得好看，但是沒有內涵」、「不試著說話，不知道原來如此」，如此一來便可以體會到不只是想而已，更能感受到行動的重要性。

只不過，光是想法積極正面，便貿然採取高風險的行動，失敗時只會更加沮喪。或者雖然有好方法，卻總是陷入負面螺旋，還是無法化為實際的行動。因此要能「改變想法」，嘗試一些跌倒也不至於太痛的「小冒險」。

人在實際行動順利解決問題後，一定會感到幸福。若只是調整扭曲的想法，難過的感覺肯定不會消失的，修正想法後搭配合適的行動，同時獲得成果，才能讓人眞正感覺到快樂。

只有為過去的負面思考踩煞車，放手嘗試小冒險，並且累積成果，才能用更正面積極的態度，改寫過去的創傷以及負面的價值觀。

調整過於負面或過於正面的思考壞習慣時，不能只靠頭腦，更應該實際行動。

要改變的不是「個性」，而是「想法」與「行動」

大家一定都有心情低落時，想要改變自己個性的經驗。

下面這句話對於無法跳脫負面螺旋，辛苦難過的人一定大有幫助，「個性很難改變，但是行動、想法、態度卻可以大幅改變。」

我們在不順利的時候，傾向看到自己「內在」的個性、才能，而責備自己。但是這意味著「要違逆（決定一半個性與才能的）基因」，靠一個人的力量未免太過壯烈，而且應該很難戰勝。同樣地，要在成長環境與過去的事件中找出原因，也因爲時間無法回頭，還是很難。

因此我們想探討的，不是如何對抗基因與歷史爭鬥，而是「對應的方法」，思考如何發揮自己的個性與能力。

失敗、挫折時，老是煩惱「自己爲什麼是這樣的個性」，反而更難過，倒不如聚焦在「如何發揮自己的個性，做出什麼樣的行動比較好」，才有辦法解決問題，讓自己不難過。

就像前職棒選手新庄剛志這種個性鮮明的人，與其煩惱「自己是否適合當個上班族」，更應該追求的是可以發揮個人特色的世界，等有了餘力，再來面對負面的部分，慢慢地讓自己成熟。

※　※　※

這種概念也可以用來安慰太過負面的人。一味地負面的人表面上對結果悲觀，其實有不少人在處理問題以及思考過程中，都是非常樂觀的。他們雖有莫名的擔心，但是都沒有去找尋具體的對策，因此也可以說他們都「太天眞」。

消極負面的人對未知結果感到不安，常有人建議他們「不要想太多」，那是看起來簡單又正確的建議，卻也很難聽得懂。

人很難立刻「忘記」不安與擔心等負面情緒，或者當它們「從沒發生過」，因此聽到人們說「不要想太多」，反而更容易去意識到、更在意。

所以不應該給「不要在意」的意見，要求對方改變個性的建議，而是要告訴他們，「不要對結果抱持不安，而是要去擔心過程，這麼一來或許能夠找出因應的方法，也能減少對結果的不安」等等。

鼓勵對方改變看事情的角度，聽的人也比較容易接受。

以女性爲例，有不少人對正在交往的男朋友都感覺不安，「不知道會不會被他拋棄」在我的女性友人當中，也有幾位有這樣的不安。

我總是跟她們說——

「不要迷迷糊糊地只是擔心，可以試著充實現在做得到的事。」

與其擔心被討厭、被甩，倒不如安排一些機會，問問對方對兩個人的未來有何打算，讓對方知道自己的不安，討論現階段的溝通方式、關係是不是恰當。也就是說，要「具體擔心」兩人現在的交往情形，同時不要只顧著戀愛，也要投入工作、興趣等，努力讓自己成爲一個獨立的女性。

太擔心未來，或許是因爲當事人除了戀愛沒有別的。讓自己不要太過於依賴戀愛，萬一結束了跟男朋友的關係，也能避免自己太過消沉。

一位有名的創作歌手曾經這麼說「與其想著『一定要讓這首歌曲熱賣不可』，把期待全放在一首歌曲，這樣想實在太累人。當曲子越寫越多，即使其中一首賣得不理想，只要加起來還不錯，心情便能輕鬆，不再拘泥於一次的失敗。」

當人成名以後，來自自己與旁人的壓力，絕對超乎我們的想像，而那位音樂人用這種方式，保持內心的健康。

這也可以說是「分組比賽」的概念。

同樣都是比賽，一次都不能輸的淘汰賽讓人緊張，但是在分組賽中比輸一場，還是可以靠之後的勝利再挽回，比較不會感覺壓力太大，也可以避免損耗過多的戰力。

應用到前面提及的女性戀愛，或許可以這麼說，「不要只有男朋友，男性友人也很重要。」

沒有男性友人，跟男朋友有所爭執，就容易鑽牛角尖，認定「我只有他」，更放不開他，內心更沒有餘裕，最後連一些小事也無法原諒，或者又變得太屈就。

如果能夠徵詢男性友人的意見，就能夠知道「原來男人都是這麼想的，不是只有他特別如此」，不安的情形就能減緩。

更進一步來說（事情當然沒有這麼單純），如果另外有值得信賴的男性友人，那麼分手後還可以有其他的選擇。這麼想當然有些極端，不過如果也能這麼看，一定能夠更冷靜地看待男友。

這個重要的概念不只可以套用在戀愛上，也是可以套用在工作等日常生活中遇到的難題。

失敗、挫折時，老是煩惱「自己為什麼是這樣的個性」，反而更難過，倒不如聚焦在「如何發揮自己的個性，做出什麼樣的行動比較好」，才有辦法解決問題，讓自己不難過。

看到現實的「原貌」

見到現實的原貌是相當不容易的。

對凡事有正面思考習慣的人來說，看到現實的眞相是很痛苦的，甚至無法被允許，對他們來說那反而是很負面的行爲。

說一個關於我男性友人的故事，這是他請假前往歐洲旅行時發生的插曲——

那天他在地中海游泳，不知不覺地游到附近的岩石場，膝蓋不小心撞到岩石。

從疼痛感覺來分析，他知道擦傷流血了，但是他怕就醫花時間，會耽誤之後的行程，所以告訴自己「一點小擦傷，沒什麼大不了的」，於是不仔細看傷口，就用手壓住止血，也沒上醫院，使用他毫無根據的正面思考，想要克服狀況。

結果，細菌從傷口侵入，幾天後傷口腫脹，最後還是在當地醫院住院兩三天。

這就像是明明牙齒痛，但是害怕治療不想上牙醫診所的人一樣，或者害怕聽到壞消息，而不敢做癌症檢查的人一樣。

另外，性騷擾對公司來說是負面事件，但是如果公司不好好解決，表示「見怪不怪」、「跟公司的業績無關」，只會逃避現實，其實也可以看出公司未來的下場。經營者對性騷擾的那種態度，不但招攬不到好人才，連既有的員工也要辭職。

有這種太正面的人，相反的，也有太負面的人，會小看自己的優點、放大自己的缺點，讓自己痛苦萬分。做最壞的打算，雖然有助於預防真正遇到壞的情況，但並沒有見到現實的原貌。

我想對太正面、太負面的人說：「必須正視現實的傷口，才能找出有效的對策，否則不可能完全治癒。」

正視現實的原貌意味著當建立解決對策時，也還面對問題。問題越嚴重，負面情緒越可能發芽，想法可能更加偏頗，但是還是不能只想逃之夭夭。

還原現實的原貌，正面迎向挑戰，願意解決問題，就能伴隨行動，於是便能適應現實、著手解決問題。

爲了發揮第二章提到的負面風險的管理潛能，提醒自己看清現實的「原貌」是很重要的。

對凡事有正面思考習慣的人來說，看到現實的真相是很痛苦的。

第4章

活用負面優點，聰明解決煩惱

負面評估，正面解決

想法不再過度負面之後，接著要想辦法發揮負面的優點。

爲什麼社會如此肯定正面的想法呢？

主要是正面的態度與想法代表了「挑戰困難」、「持續努力」的「心的動力」，讓人可以大步向前，面對困難的情況下，有助於解決問題（只要方向正確的話）。

正面思考給人想要獲得什麼的感覺，可能是健康、理想的人際關係、名譽或評價甚至是金錢。經歷過正面的經驗後，想要得到或是維持幸福的渴望會更高。

因爲失敗挫折而消沉的人，想要重新站起來解決問題，必須針對問題實際行動。人想改變行動時，不能缺少「積極想法」、或是「想要得到什麼」的正面思考，這都可以說是「符合實際的正面思考」。

相反的，也有無法連結到實際行動的正面思考，那就是我們不斷提到的扭曲、太過正面的積極。酗酒的人會說：「明天我再少喝點，今天就讓我喝吧！」就是這個意思。

※　※　※

那麼負面代表什麼呢？一般而言讓人聯想到失去、喪失。

當我們無法獲得預期的結果、做事失敗的時候，心情難過、鬱悶，或者由於無法解決工作以及人際關係上的問題而失落。雖然那是沒有辦法的事情，但是重複幾次還是不順利時，「好煩」的負面情緒會寫在臉上。

負面思考不同於適當的正面思考，它沒有讓人往前走的能量，它的特徵是往後看，也就是迴避、逃避、惱羞成怒等，會採取消極的行動，往不同於預期的方向暴衝。

在這種時候，意志消沉，沒有挑戰的心情。因爲太難過了，沒有辦法看到根本的原因，不管過了多久，還是無法解決問題。

這個時候原本該做的是修正錯誤，思考如何讓下一個工作成功。如果不找人商量、採取行動，是無法期待能夠解決問題的。

無法採取行動時，腦子裡全是逃避現實的悲觀字眼，充斥著可以不做、不改善的理由（或者說是藉口）。

評估狀況時確實有必要做最壞的打算，是負面觀點可以派上用場的地方，但是進到解決問題的階段，便不再需要了。評估與展望是兩回事，對於未來的展望，正面以對是解決問題的關鍵。

也就是說，過程中要盡可能的負面，甚至到了疑心病的地步，想像結果時則要多一點正面，這是正面地活用負面思考所不可欠缺的。

人想改變行動時，不能缺少「積極想法」、或是「想要得到什麼」的正面思考，這都可以說是「符合實際的正面思考」。

負面的「機會」

雖然如此，或許還是有人無法接受正面的概念，不想再聽這些「冠冕堂皇」的話。無法接受的原因之一，或許是曾經歷過正面思考，卻遭受挫折的經驗有關。

討厭正面的人當中，一定很多人曾試過要積極，卻因爲不順利，所以否定積極正面，「看吧！所以我沒辦法積極樂觀」，而寧願維持著負面的態度。

另外就是正面到得意忘形、暢所欲言，不知不覺引起周圍的人反彈，讓自己傷心難過，因而領悟到「太搶眼就要受欺負」、「太得意就要被打擊」，漸漸變得安靜，甚至消極負面。

也有不少人因著考試落榜的經驗，或是報考超出自己實力的學校卻失利後，會做出「人生即使努力，也不會得到回報」的結論。在日本這個國家，不會讀書、考不上學校，這樣的經驗是很大的挫折，常會深深刻畫在人的心上。

於是腦海中漸漸地浮起「努力總是揮棒落空，這樣眞難看」的想法，不但自己太過負面，不願意挑戰，還會說話冷嘲熱諷，扯人後腿。

不過，對我來說，由於平常經常接觸想法負面的人，我反而認爲「負面消極的人其實都很有上進心，願意努力追求夢想」。至少，在他們染上心病之前，都是正面積極的、期望成就自己的，是好的意思的「貪心」，有很高的理想卻又容易受傷、並且急性子。

他們的不安與難過大多來自理想與現實的摩擦，自以爲「不受歡迎」的男性，比一般人更想要受女孩子歡迎，因爲事與願違，所以煩惱。沒有期待的話，即使失敗也不至於太消沉，一旦有所期待，並且伴隨著積極的行動，卻沒有好結果，就會跌到谷底變得負面。

無論如何都無法接受正面想法的人，可以試著問自己「自己眞的那麼負面嗎？」、「從什麼時候開始負面的？」

回顧過往，或許可以想起讓自己變得負面的事件，譬如曾經遭遇霸凌，所以認爲「消極點比較吃香，心情也比較輕鬆……」

只要有所發現便是好事，經由回想過去的成長歷程，執著於負面的理由一定又能再減少一些。

過程中要盡可能的負面，甚至到了疑心病的地步，想像結果時則要多一點正面，這是正面地活用負面思考所不可欠缺的。

練習切換正負面模式

我沒有要宣揚「捨棄所有的負面，變得正面」，負面與正面原本就不應該用非黑即白的概念來區分，因此我建議大家試著這麼想，「爲了發揮負面原本的力量，同樣需要正面的部分」。

不需要頑強主張「諸事不順，當然無法積極正面」，只需要跟自己的感覺打商量，「能不能讓想法變得正面一點」，試著爲偏頗的負面思考踩煞車，拿出勇氣迎向正面思考這股涼風。

人生沒有那麼簡單，可以憑藉著一種處事模式披荊斬棘。只懂得用自己擅長的正面或負面模式解決問題，會讓想法變得極端，不但苦了自己也苦了別人。

正面與負面的切換就像開車，必須自己判斷何時加速，何時減速。就像急踩油門讓靜止的車子急速前進，會讓車輪打滑偏離跑道，習慣負面的人，突然反常偏向正面也不可能順利的。

相反的，想法太過正面的人，常常太過於美化自己，其實駕駛技術並不熟練，自認爲「我很會開車」、「我不可能出車禍」，這些就是會超速行駛、逃避現實的人。

認清自己的技術以及汽車的性能這些「現實」，與想要完美駕馭汽車這個「理想」之間的落差很重要。

※　※　※

怎麼做才能適應現實，無礙地切換負面與正面這兩個模式呢？

我們曾經提到，負面的人受到負面情緒的牽引，常會陷入極端的負面想法當中，所以在直視問題時，要注意不受情緒的影響。

首先，接受現實本來的樣子，再試著以正面思考建立假設。將一直往負面想的部分拉往正面，會發現事情往往進展得比想像順利。

一直覺得自己猜拳總是輸的人，可以試著想像自己會贏，有了實際猜贏的經驗後，就知道「自己也能贏」，不會一開始就出現「反正我老是輸」的想法而退縮。雖然都是小事，但是很像運動員常作的自我暗示。

跟正面積極的朋友、戀人在一起，從對方的一舉一動中學習，「原來這裡可以如此強勢啊！」利用這類人際關係，練習切換模式也是一個方法。

在職場上也是一樣，觀察主管以及資深員工正面處理危機的場面，就會知道「原來也有這種解決事情的方法」，藉此分享到成功的經驗。

另外，一些小朋友怕狗，覺得狗明明好可怕，卻有其他小朋友可以跟狗玩得很開心。經常看見人跟狗一起玩，無形中會改變對狗的看法，對狗的恐懼感會越來越淡（稱之爲觀察學習效果）。

經過一些嘗試後，人也會漸漸變得積極，經驗到了負面思考所做不到的事情，必能感受到世界變得寬廣，心情也跟著雀躍。

雖然每個人的狀況不盡相同，但是切換模式少不了「體驗」，就像第3章中提到的，沒有經驗的人無法眞正改變。

※　※　※

只不過，大經驗令人害怕，無法挑戰。對人有幫助的是設定小變化，透過小體驗來改變想法。

爲了克服不安與恐懼，最有效的還是鼓起勇氣面對它們，讓自己慢慢習慣。這麼一來，就能產生免疫力，壓力逐漸減輕，也開始產生自信，之後需要的就是反覆地練習。

目標太高想一步逆轉勝，反而會破壞心的平衡。因此不要一開始就訂出「太遠大的目標」，請從「小目標」開始慢慢執行。希望大家記得要慢慢來別著急。

正面與負面的切換就像開車，必須自己判斷何時加速，何時減速。

化身演員「扮演」自己

極端負面的人一定不希望自己百分之百都是負面。但是，又無法坦率地接受正面的觀點。

習慣負面思考的時間越長，若當事人的想法轉向正面，會讓他覺得辛苦走來的一切，好像全盤受到否定，所以會抗拒、感覺不愉快。

透過「角色扮演」的方法扮演自己，對他們或許有用。

試著問自己，「如果自己是一個正面積極的人，會怎麼做呢？」不需要實際行動，只是想像那個「角色」，可能容易找出答案。

※　※　※

我的女性友人找我商量事情，以下是這故事的經過。

朋友因爲家庭的因素自己一個人住，但是一個人在家讓她非常不安，到後來甚至沒辦法待在家裡。

寂寞時她會找朋友上街，喝酒喝到深夜，有時也會自己一個人外出喝酒，經常受到心懷不軌的男性擺佈，弄到身心俱疲。

每個人都會因爲一個人在家無聊而外出，這當然不是問題，但是因爲「無法待在家裡」這個理由而外出就是問題了，因爲慢慢地無法控制自己。我跟她有過這樣的對話——

「要不要想像一下一個人在家的感覺？」

「一個人在家太可怕了，想都不敢想。」

「不是要妳眞的一個人待在家，只是要妳想像，試試看嘛，去看看妳是不是因爲沒有其他的辦法，才會有那種自我毀滅的舉動，不知道卻去做與知道了還是去做是兩回事。如果妳很清楚自己的行爲卻還是去做，那就是妳自己的選擇，我不會再插嘴，但是如果是因爲沒有其他方法，或許我們可以一起動腦筋。」

我更試著要動搖她的心——

「感覺寂寞時，妳覺得要怎麼辦才好呢？不需要實際去做，試著去想對自己最好的方法。」

「孤獨確實讓人感覺不安與恐懼，想找理由逃離。以舒壓爲藉口外出遊蕩，當下是最輕鬆的，但是妳眞的有想像中孤獨嗎？明明可以乖乖待在房間裡十五分鐘，爲什麼拉長到一兩個小時就感到害怕呢？我覺得是有些矛盾的。」

她先想像虛擬的自己，試著扮演那個角色。我們反覆那樣的練習，直到她習慣、耐得住一個人在家的恐懼，之後再慢慢增加實際留在房間裡的時間。

結果，她可以耐得住孤獨，晚上也能安靜地待在家裡，不再「因爲寂寞」而迷失了自己。

我也曾經和另外一位女性友人做過類似的練習。

她養過一隻很可愛的貓，有一天貓突然死了，她竟然認眞地說「我也想跟著去死。」

我這麼對她說——

「如果妳是那隻貓，妳的飼主跟著妳自殺的話，妳會怎麼想？」

「當然……不希望她死。」

「對吧？一定是希望飼主連自己的這一份也好好地活下去，不是嗎？」

她想了想，最後說：「我知道了，我不會再說要去死了。」她重新恢復心情，她說「我希望充實自己的人生，連死去那隻貓的部分，也要好好地活！」

接著則是發生在我跟患者之間有些極端的例子。

有一天，一位男性住院患者大發脾氣，大叫「讓我出院！」那名患者平常很反抗我，「不要以爲你是精神科醫師就覺得了不起！」

我這麼對他說——

「等一下，如果我們的立場相反，我是患者正在大發脾氣，而你是醫生，讓我出院的話，你可是會被追究責任的喔，你會怎麼辦？」

「……不讓你出院！」

「對吧？我也是一樣的！」

然後我繼續說——

「那麼，如果你是醫生，你會讓自己在幾天後出院呢？」

「一個星期左右吧！」

「我的話，五天後就能讓你出院，我也會努力的，請你耐心等候。」

※　※　※

如此，面對無法想像的極端負面狀況，讓對方扮演別的角色，盡可能去真實感覺正面思考，有時候行爲會跟著改變。

試著問自己，「如果自己是一個正面積極的人，會怎麼做呢？」不需要實際行動，只是想像那個「角色」，可能容易找出答案。

透過「排練」讓自己更懂得應付危機

雖然可以透過角色演出正面的自己，不過可能「腦袋懂了，還是無法實際行動」，甚至以爲懂了，其實還是不懂。

無法依狀況說出合適的話也是其中之一。

聽說坊間有教導單身男性怎麼跟女性交往的課——

課堂上講師要男士們想像正在約會，請他們「跟女士們說些溫柔體貼的話」，有些男士會因此生氣，「不用你說我也知道」，但是他們卻會單刀直入地對女士們說，「下次一起去旅行吧！」，不管是不是第一次見面。

或者沒說幾句話就要求對方跟他交往，在見面的當天，便送上幾十萬日幣的昂貴首飾。

女性一定覺得「這種男人太危險了，不可能跟他交往！」——似乎有不少男性會對女性說不得體的話，或者看到女性便什麼都說不出口。這些都是自以爲懂了，其實不懂的例子。

知道要一步一步走，卻不知道具體的方法，所以會有突如其來的舉動。男女交往時，女性比男性更纖細敏感，也更有戒心，想法當然比較傾向負面，但是不常與女性往來，缺少那些知識的男性卻以爲對方一定很高興有人跟她求婚。

這類男性的想法正面，但卻扭曲了，他們都以爲「只要積極正面一定沒有問題」，根據自己偏頗的正面思考想找出活路。

以爲「知道怎麼跟女性交往」，然而是否恰當，還是得實際去做、經驗過了才會知道。

這就跟游泳一樣，理論上知道哪一種游泳方式可以游得最快，卻不知道實際上是否如此。打棒球也是一樣，看電視轉播時都知道規則，實際上場卻不知道該怎麼跑壘。看地圖知道目的地的方向，但是很多時候實際走過卻會迷路，這時會有「明明走的路都對，怎麼會這樣……」的疑惑。

因此，「懂」跟「會」是不同的兩件事，行動、經驗還是最重要的。

※　※　※

此時派得上用場的是「排練」這個概念，盡可能具體模擬，想想在那樣的狀況下，要做何打算、怎麼行動。

若能事前反覆演練，設想到所有的狀況，就能在實際面對時，有餘力冷靜以對。

也許讀者要問：「爲什麼一直說這些理所當然的道理」，我認爲遇到事情立即陷入恐慌、消沉失落的人，在平常越是表現得豪氣干雲，但其實都缺乏問題意識。相反的，在正式場合很少輸、很少失敗的人，都很重視平常的訓練，相當在乎實際（負面的）模擬時的品質。

多數人經驗過的排練應該是模擬考試，有做過模擬考試跟沒有這類經驗，兩者上場應試相比，結果一定不一樣。

要試著自己排練，或者請誰協助。

至少試著體驗一下。過份負面的人對於付諸行動這件事，原本就「還沒做就先討厭」，所以經常煩惱事與願違。

不需要勉強自己去否定負面的這個部分，抱著「這樣也沒什麼不好」的心態，練習一下正面行動，視野一定會因此打開的。或許剛做時會心生厭惡，但是卻可能因此知道積極正面的人的心情，試了之後有時事情會意外地順利。

當行動趨於正面，身體感受到積極的快感後，也可能在不知不覺中，想法拉往正面了。

我要一再強調，積極正面裡有我們意想不到的優點，而它是經驗過才能知道的。

若能事前反覆演練，設想到所有的狀況，就能在實際面對時，有餘力冷靜以對。

跟棘手的人說話之前先演練一番

演練以及實際模擬，對於跟討厭或者棘手的人見面時，特別能夠發揮威力。

如果不事先想好怎麼回話，人在毫無情緒轉圜的餘地，聽到重話，更容易驚惶失措。

越沒有自信的人，越應該在事前徹底列出可能聽到最糟糕的話，模擬回應的方法，就能讓內心有所依靠。請平常就要習慣怎麼應付負面狀況。

可以請教擅長處理這類問題的朋友、同事、前輩等，被取笑杞人憂天也無妨，反而要讓他們知道那個負面部分也是自己的特質。假設問題，然後思考答案，即使當下無法應付，也一定會慢慢增強你處理問題的能力。

模擬溝通時的注意重點如下——

第一、「說話要具體、簡潔」

不擅長解釋的人，大多不懂得在事前有效整理說話的內容，因爲不得要領，所受到的責難通常更加嚴重。如果因爲內容不好，遭到責難還情有可原，若是不得要領讓方方抓狂，實在很可惜，但是這種情形又出乎意外地多。

無法在腦袋裡整理清楚的人，可以把重點寫在紙上，整理的技巧可以參考報章雜誌的寫法。特別是容易不安的人，因爲講出太多不該講的，會讓人聽不懂，或者挑毛病，這也要注意。

第二、「說話要穩重」

大家可能覺得這是廢話，但是面對棘手的對象，卻是意外的困難。如果緊張到聲音跟著發抖，怎麼期待有對等的溝通呢？

這個時候，做腹式呼吸，讓自己的說話速度不要太快，是其中一個方法。它可以幫助我們冷靜情緒，特別有助於穩定自律神經的症狀（冒冷汗、手腳發抖、臉部潮紅等），最好記起來。做了這些準備的人，在正式場合偶爾失常，也能從失敗中記取教訓，在下次做不同的嘗試。

第三、「事前想好緊要關頭時要說的一句話」

與人溝通最常因爲「被對方說了重話而退縮」。

爲什麼會輕易退縮呢？原因之一可能跟極少有回嘴的經驗有關。容易因爲別人無心的一句話而受傷的人，大多不懂得該在關鍵時刻說些什麼，更會因惱羞成怒說出不該說的，讓彼此的關係更加惡化，或者有罪惡感，「眞不應該那麼說的」，陷入更不敢說話的惡性循環。

平常就先想出一句「合宜又能收拾場面的話（又幽默的話更好）」，對那種人會很有幫助。

這是我的一位女性友人的故事。有一陣子她吃太多，開始覺得身材走樣，公司的一位老職員對她說「妳胖得好像相撲力士了！」當下她很生氣，但是卻回他一句「下次去絕食營的時候也帶我一起去（笑）。」

話裡暗示「你沒有資格批評別人的身材」，但是又能夠讓對方發笑，在不破壞當下氣氛的情形下結束話題，這是讓人佩服、處理得很好的一個例子。

另外就是要有「保留」不立刻下判斷的選項，這是第四個重點。

我的同事把它命名爲「北方領土爭議處理模式」。

有關北方領土的爭議，如果日本與俄羅斯互不相讓硬要爭出結果，可能馬上就要發動戰爭。但是現實上無法如此，卻又不能放棄，躲進被子裡哭，因爲不是想要解決就有答案，所以「保留結論，持續努力交涉」是最好的選項，非常切實。

人們會極端正面或負面，大多都是受不了「必須立即做出結論」的壓力所致。

當然，不能像一問三不知的孩子，只會保留或者延後處理這也會構成問題，極端正面或負面的人大多無法接受保留這個答案，被問到「要選哪一個」時，說不出「現在還不知道」。商場上也看得到這種狀況，因爲缺少經驗、太年輕，會急著立刻做出結論，而說出有違心意的話，輕易答應對方的要求。

我在年輕的時候，也會輕易答應別人，然後在事後遭到責備，「你不是答應我了嗎？」現在我會在心裡默念「北方領土、北方領土」予以保留，請對方給我時間回去研擬。這麼做之後，交涉這件事情變得輕鬆多了。

據說禁不起登門拜訪或者路上業務的遊說，甚至被騙的人，他們的共通處就是，不懂得保留，跟對方說「等一下」。搞不清狀況就投保，事後再來後悔，或者被詐騙集團欺騙的人也都是如此。

知道可以說「讓我保留」、「讓我想一下」，心情上就會開始出現餘裕。先保留，然後找人商量、討論——能夠以一種「理所當然」的心情，做這些本來就理所當然的事情是很重要的。

越沒有自信的人，越應該在事前徹底列出可能聽到最糟糕的話，模擬回應的方法，就能讓內心有所依靠。請平常就要習慣怎麼應付負面狀況。

第 5 章

人生有時正面，有時負面

人好好檢視自己的價值觀

前一章提到做選擇時要負面，但是展望與預測時要正面，以及運用切換模式與模擬的方法，讓自己接受正面的概念。

一定有讀者已經注意到，本書沒有主張負面好或者人必須正面。

譬如，醫學上認爲酗酒的人一輩子都不能喝酒，具體的方法是旁人要提醒他「少喝點」，方向上來說是非常正面的作法，但是實際卻有很大的困難。

在家人眼中，喝酒逃避現實這個行爲，確實是負面扣分的舉動，但是對當事人來說，難過、睡不著覺的時候，若不喝酒忘記現實是活不下去的，對他們來說，喝酒是名正言順且正面的。所以，即使不感覺空虛，也還是往酒靠攏。不去注意到這個部分，只是要他們不准喝酒，當然不可能輕易戒除。

不要忘了，即使行爲與想法都必須調整，但當事人內心深處所謂的信念、價值觀都有它代表的意義，不可以光用「好」、「壞」來判斷。

曾經在第二章介紹到的認知療法創始人貝克博士說過——

「正面與負面勢均力敵地存在於信念當中，有助於我們適應現實，但是若遇到狀況失去平衡，就會產生心的問題。」

譬如「不想被人討厭」的信念，表現在人際關係裡就是「細心」這個特質，但是在「不是被接受，就是被拒絕」的二選一的狀況下，那個信念會極端增強，使想說的話說不出口，造成精神上的煎熬。

所謂負面思考、正面思考，不過是人思想中冰山的一角，突然要當事人改變想法，卻不去管他的成長經驗、人際關係、從小到大養成的性格等等，是無法知道什麼對那個人才是最好。

就像我們不斷提到，負面的人打算全面換血變成正面人士，通常會變得四不像然後鎩羽而歸，於是心生後悔，「早知如此何必當初」，感覺還是習慣了的負面想法讓人舒服，心中一反彈，離積極正面越來越遠。

同樣的，過度正面的人聽到「要從負面的角度看事情」時，會有被迫減速的不快感覺，反而更想抵抗，如此一來更被正面思考束縛，只能一味地往前。

※　※　※

該如何區分運用正面，還是負面呢？

想像用手旋轉音量鈕，調整音量大小或者左右音箱的平衡。

正面與負面並非相互獨立，而是連續的，所以我們要想的是將想法放在刻度表的哪個位置。

這跟思考開車的「最佳速度」是一樣的，問「正面好，還是負面好」，就跟問「馬力全開，還是龜速」一樣，不切實際。高速行駛當然重要，但是轉彎時還是必須減速，有時甚至需要倒車。

從人性的角度來看，爲了解決問題，我們會非常正面積極地看待事物，努力克服困難，但是在失戀或者重要的人過世時，退縮並且放聲大哭才是正面的幫助。

因此，對負面的人來說，重要的是把持住內心，並且刻意採取正面行爲，如此一定有助於擺脫極端負面的狀態。

第一章指出有強烈實現自我願望的人，以及被「模範生信仰」牽絆，告訴自己「一定要是好學生」，這些過著無趣生活的人，經常只知道看著前方，全力衝刺。

如果因此一帆風順當然很好，但遇上不順心而煩惱，「已經厭倦當好人」、「已經厭倦爲了讓別人以爲自己很行，而不斷地掩飾」，請回顧過往的人生，想想曾經受到誰的影響。

有可能是父母親或者老師說過的一句話，找到之後，請退一步承認「眞實的自己也有很多優點」，從必須是模範生的束縛慢慢解脫。當然我不是想否認你身爲模範生的魅力，只是建議你「好好重新檢視自己的價值觀。」

想法正面本身當然沒有不對，問題是若只懂得積極正面，則容易太過焦慮、太過急進。那樣的人要留意放慢腳步，沒有辦法立即到位也無妨，放鬆肩膀，花時間慢慢來就好了。

正面與負面並非相互獨立，而是連續的，所以我們要想的是，將想法放在刻度表的哪個位置。

發揮優點，還是矯正缺點？

我想更進一步解釋「取得正面與負面平衡的重要性」。

「人應該要發揮優點，還是矯正缺點」這個話題，常在課業與工作領域上被拿來討論。

這也可以套用在男女關係上，有些女性認爲「一輩子對不主動跟自己說話的男性（不知道如何應付的人），不會多看一眼」，也有男性「只喜歡高高在上的女性」，只想挑戰不可能。

這當然跟當事人的人生態度，也就是人生觀有很大的關係。

追求自己擅長的、喜歡的，能夠提高工作的動力，是無上的幸福。也有人是起步時感覺力不從心，但是在挑戰的過程中慢慢發揮實力，而在那個領域獲得極高成就的大器晚成型，也有「小時了了，大未必佳」的人。所以能力的好壞，跟人在相關領域能夠達到的成就不一定相應。

坂本龍馬年少時做什麼事情都笨手笨腳的，比其他孩子的發展遲緩，面對那樣的龍馬，母親總是跟他說「小龍不需要著急眼前的結果，一定要慢慢長大成人喔！」龍馬的豁達氣質，與母親的教養應該有所關連。

不過，人生有限，一直繞遠路時間也就沒了。

我的前言長了些，我想要說的是這樣的——

「在人的想法與態度裡，一般所謂的正面等於優點、負面等於缺點，事實上是無法分出孰優孰劣的。」

特別是極端負面的人，當想擺脫負面變得正面時，重要的是要把自己放在正面與負面兩者之間的哪個位置，並且實際運用到行動上。

就像我們反覆提到的，過度負面的人即使知道積極正面的好處，也無法順利採納，更何況是立即變得積極正面。不能忘記，弄錯速度與力道，極有可能打破整體平衡。

在職業運動的世界，到底應該發揮優點，還是矯正缺點，是一直以來經常爭論的問題。多數教練都認為，「最好要發揮優點」，而實際帶過選手之後，最後還是都將目光放在缺點的矯正上。

人有優點也有缺點，第三者確實容易先看到對方的缺點，指出別人的缺點，似乎是在「為對方著想」，可以在心理上滿足自我。

但是，因此有可能減低對方的意願，擾亂對方情緒而帶來負面影響。

對待優點與缺點，中日龍隊的落合博滿教練以打擊為例這麼說「有時候兩個缺點互補，反而呈現出好的結果，所以打擊不是修正一個缺點，以後就能進步這麼簡單，這意味著改善缺點其實是很難的。」

具體來說，「打擊後身體整個敞開」、「激烈搖晃球棒猛力揮棒」都是打擊上所謂的缺點，但是兩者合一，據說可以更加順暢揮出棒頭，反而結果都不錯。所以事情並不單純，半調子的改善反而會打亂節奏，結果打不到球。

只是，這種打法的成就有限，如果當事人的目標是更高的成就時，落合教練會這麼建議——

「還是需要消除缺點。」

同時指出實踐上的一個重點。那就是「雖然問題相同，但要隨著情況以及時期，改變關注的重點。」

譬如第一年的新人雖然經常被三振，如果已經擊出三十支全壘打，就一定要他「放手打出全壘打，不要怕揮棒落空」，如果是有幾年經驗的選手，就需要給予改正缺點的建議。

另外，對孩童來說，讓他們知道打棒球的樂趣，會比指正缺點來得重要，之後再隨著程度的進步，提高「改正缺點」的比重。

創投企業也是如此。在規模還小的階段，得靠強項取勝，但是隨著規模的擴大，就需要矯正缺點，在法令遵循、管理、社會倫理、環境等下功夫一樣。

所以重要的是鍛鍊長處，獲得他人的認同以增進自信。但如果進一步想追求更高的目標，減少缺點，彌平縫隙的比重就得要跟著提高。

也可以置換成人的心態——

「想法正面的人因成功而更有自信，不過有時也應該回顧過往，加以反省。」

「完全負面的人，其優點是能夠客觀地看待現實，但是如果感覺活得很辛苦，就要試著接受正面的觀點。」

在人的想法與態度裡，一般所謂的正面等於優點、負面等於缺點，事實上是無法分出孰優孰劣的。

拿捏正面與負面的力道

區分運用正面與負面時，希望大家得注意到另外一點。

那就是，別因爲正面了卻不順利，就立刻否定它。

太過正面看待每件事情的人，大多容易擔心害怕，沒有一帆風順就不滿意，總是要求每件事情都成功。

但是，太正面躁進的結果，通常失敗的風險也會跟著提高。因爲害怕踩煞車，車速會慢下來，所以不想踩煞車。但遇到轉彎處，不想減速，結果撞到或者打滑。

這種人一旦不踩煞車，遭遇變故，就會以爲消極一點，失敗時的衝擊與疼痛才不會太大，接下來反而不敢踩油門。

這樣速度當然會減慢。不加速心不安的極端正面人士，通常會因爲車禍，變成龜速駕駛的負面人士。

在賽車場開車必須不停變換速度，否則無法跑快。需要踩煞車的時候踩，有些地段時速只能一百公里，有時卻可以飆到三百公里，一直保持二百公里的時速反而不會有好成績。

賽車具體可見，每個人看了都懂，但是換成人生以及生活問題的解決方法時，因爲抽象只能憑藉自己的主觀，所以不知道自己的速度是快是慢。不過，跟賽車的道理是一樣的。

※　※　※

處理容易帶來壓力的人際關係也是如此，最好意識到這方面的輕重拿捏。

與家人、配偶這些重要人士相處，爲了避免風波總是逃避，總有一天會失去立場而陷入僵局。另一方面也要瞭解，在這個世界上，不管我們怎麼努力，就是有人跟我們波長不合，無法相互理解。

太鄉愿有害心理健康，因此要懂得拿捏躲不開與躲得開的人際關係，簡單說就是不要浪費能量在「無所謂的人」身上，「積極躲避」也是很重要。

太過正面看待每件事情的人，大多容易擔心害怕，沒有一帆風順就不滿意，總是要求每件事情都成功。

慢慢地一步一腳印

負面有好有壞，而正面也同樣好壞並陳。

所以取得協調很重要，除了要懂得切換模式區分運用外，「慢慢地一步一腳印」這個概念也很重要。

要將游標從負面這一端移往正面，某方面來說是與極大不安的拉鋸戰。因爲要改變過去習慣的作法，更何況變成自己曾經頑強抗拒的正面的人。

若遇到這樣的情況，可以找身邊「適度正面的人」商量，請教對方

「你會怎麼做。」

事實上我也在臨床上採用這種方法。

對於努力擺脫極端負面狀態的患者，非常沮喪地跟我說「醫生啊，完全行不通，已經沒有信心了。」我會試著問「難道沒有其他方法嗎？」

我會給完全沒有點子的患者建議，「這樣的話，要不要試試看如此如此……」

然後患者會豁然開朗地說：「原來如此，那樣的話或許行得通」，而願意再試試。如此反覆練習，或許是從極端負面往正面進步的最好方法。

消沉、難過的時候，閱讀也可以讓自己變得稍微正面。事實上在歐美，已經有很多數據證明，「閱讀」對於門診憂鬱症患者的效果跟藥物一樣。

閱讀與找人商量一樣，看了之後要試著挑戰，不斷練習。

※　※　※

我們也提到這是擺脫過度負面的技巧，但是修正想法，只是在為負面思考踩煞車，爲了讓自己眞正變得正面，或多或少都要付諸行動，讓自己成爲積極正面的人。爲了消除難過的心情與情緒，讓自己重新站起，必須要檢視自己的想法與行爲加以調整。

如此，實際嘗過甜美的果實，才會有自信，「原來可以這麼做」、「都很順利」，展現正面態度。

當然，有豐富成功經驗的人，只要改變想法就能有正面的心情，但是頑固的負面人士因爲鮮少有成功的體驗，或者完全沒有概念，而深信「積極正面不會成功、不會順利」。所以親身體驗，讓自己有自信，這樣的經驗又可幫助我們採取下一步的行動。

另外，關於面對問題時的態度與想法，包括現階段要根據怎樣的計畫與速度，解決問題到哪個程度，都需要取得協調。如果每一次的挑戰之後都受重傷，那麼需要很長的時間，才能再嘗試下一次的挑戰，最終會讓人喪志退縮。

當然也必須評估挑戰，冒險的結果是否「讓人無法重新站起？」、「能否輕傷、全身而退？」、「出血量會是如何？」

另外，是不是只要願意面對問題就好呢？並不盡然。正視問題看清事實眞相，有時太傷人可能讓人生病，還是要意識到平衡，分辨哪些部分必須確實面對？哪些部分可以延後處理？現在可以消極面對？還是必須積極正面呢？

消沉、難過的時候，閱讀也可以讓自己變得稍微正面。

逃避問題的「懶得思考」

大家是否已經明白，正面與負面的協調，有助於我們不囤積壓力與不安，巧妙適應現實環境。但是有人卻會在不知不覺中，端坐在刻度表的正中位置，既不正面也不負面。

我稱那樣的人是「懶得思考」、「喜歡延遲」的人。

既不正面也不負面，但是也不鑽牛角尖，他們選擇的是「不去想」。面對艱難的問題，他們會避開不談說「沒事」，雖然不至於意志消沉，卻也不暢快，偶爾會想：「這樣好嗎？」，卻說不出口，維持在一種

「小憂鬱」狀態。

最近這類「懂得消沉」的年輕人越來越多了，當事人完全不自覺有沮喪，所以很難擺脫那樣的狀態。

逃避現實的「尼特族」可說是典型代表。當然，我沒有意思要說，這個時代「安於當個上班族」最好，但是根據宣稱「有想要做的事」、「想要追逐夢想」的自由工作者爲對象所做的調查，我們發現的事實是，將近九成的人回答「年過三十還是沒能找到想做的事。」

有不少不打工，也不努力找工作的年輕人雖然會想，「不能一直這麼下去」、「我到底在幹嘛」，但平常都避免去想到自己的未來。因此被旁人質疑「這樣下去好嗎」時，他們會惱羞成怒回答「知道啦」，也會被父母親嘮叨，「趕快找個穩定工作」，讓他們更是難受與不安。但這也是最初的時候，時間一久全變成耳邊風，不再感到難受，任憑時間流逝。

他們或多或少感覺抑鬱，但是不會深入去想，即使想了，反正待在父母親身旁，日子還是過得下去。他們大多不曾經歷過沒錢吃飯的窘境，雖然也跟意志強弱有關。然而他們隱約感覺「父母親一定會伸出援手」，而父母親也因爲是自己可愛的孩子，不會多說什麼。

※　※　※

因爲失戀不再信任男性（女性）說「我還有工作沒關係」，轉而在工作中尋找人生價值的女性（男性）也有同樣的想法。

他們一方面覺得一個人很寂寞，一方面又告訴自己，「男人（女人）都不能相信」，其實很想要有一個伴，也很想結婚，卻逞強說「自己一個人也能活下去」，欺騙自己。

如果眞想單身，那是個人的價值觀，不容別人說三道四。但如果是因爲不想深入問題，而說服自己「不是只有結婚才是幸福的」、「只要有朋友就好了」，就值得擔心。隨著年紀的增長，父母親可能離世，自己也可能染上重病，或者更年期降臨。

環境的變化以外，如果職場不再像年輕時候賦予我們重要工作，不少人會因此失去重心，進而生病需要就醫。

逃避面對眞心，不願意看到問題，將無法耐住孤獨。這種苦於孤獨的人也是「懶得想」、「想法拖拖拉拉」的人。

分清是非黑白就能面對問題

懶得去想，或者想法拖拖拉拉的人，該如何擺脫內心的「不暢快感覺」呢？

重要的是不能拖延問題，必須直視問題。不安的感覺會因爲拖延，而更加嚴重，所以分清是非黑白是第一順位的事。

雖然習慣不是一就是零的人都容易沮喪，急著做出結論，並且很快放棄，但是習慣拖延、逃避的人一定要黑白分明。

田原總一朗這名記者就經常在訪問政治家等人物時，追問「你怎麼認爲」逼對方回答。

聽政治家們在國會面對質詢時的曖昧回答，應該都知道他們正是「懶得思考」的代表典型。「我會好好處理」、「讓我們檢討研究」等這類中性的答覆，聽起來很像一回事，卻聽不出他們的眞心話，當然對解決問題沒有任何幫助。

一旦政治家們還是用平常的口吻回答「現階段還不瞭解」時，他會對他們施壓詢問「你是政治家，不能光說不知道」，多數人因此緊張而吐露眞言，或者即使回答不很明確，但都能聽出是傾向哪一邊。

在理論出現破綻，無法再躲藏、裝作冷酷時，就必須面對自己的眞心想法，這也是動搖內心的二選一手法。

就跟前面追逐夢想的自由工作者一樣，總有一天必須面對「看起來一直往前，但是實際什麼也沒做，無法脫離父母自立」的現實。怎麼想也無法冀望未來有所發展時，就必須具體思考如何才能更接近夢想一點，自己的夢想到底是什麼？築夢踏實嗎？對尼特族們來說，不離開父母，就永遠不會改變，這是鐵則。

可以先找到工作，再想下一步。不管哪種行業，專心投入提升專業後，未來的事情一定會變得具體。

※　※　※

對酒癮患者來說，最重要的是確實面對問題。

總喜歡延遲的他們以爲「只要注意喝法，淺酌應該不成問題」。因爲先生的酗酒問題家庭分崩離析，做太太的甚至被逼得想帶著家人尋短，但是做先生在這方面還是樂觀地以爲「總有辦法」。

其實，先生有酒癮的太太大多也是拖延型的人。這類太太對先生說了無數次的「不要再喝了」，但是總有辦法被先生巧妙避開，於是她開始以爲「眞是傷腦筋，沒有了我，他一定活不下去。」、「離婚對孩子太可憐了！」、「只要我繼續努力，或許有一天他會改變心意。」

也就是說，有酒癮的先生跟說不出狠話，只能爲先生擦屁股的太太，如同先前介紹的尼特族親子一樣，在某方面彼此依賴。

這個時候，解決問題不可以再漫不經心，不是黑就是白。如果有酒癮，絕對是不能再喝酒了。

不過，強逼他戒酒恐怕沒用，因爲他可能會趁著妻子不在時喝。

那麼該如何是好呢？可以試著模擬——

妻：「從今天起家裡不再放酒了！」

夫：「不需要做得這麼絕，我可以控制自己喝的量啦！」、「妳那麼做反而讓我有壓力。」

妻：「不行，絕對不再放了！」

夫：「爲什麼？妳不相信我嗎？」

妻：「不相信現在的你，總之，這是規定。」

像這樣，清楚地說出「在喝酒這方面，你已經失去信用」，讓對方知道「自己是個連太太也不願意相信的人」。讓對方知道他的負面部分，當事人一定會感覺「不妙」，也願意認眞看待它。

對於逃避推諉的人，一定要用悲觀負面的說法，否則無效。

對方如果還是繼續逃避，下一步就是讓他選擇要離婚還是分居，視情況可以眞的離家出走，「如果你不戒酒，我就要改變做法了」，把他逼到盡頭。爲了改變先生的行爲，做太太的不能只是動口，不狠下心，很多患者不會認眞看待問題。

這種作法不但可以應用在酗酒的問題上，面對態度強勢、不斷外遇、不守時，只顧自己另一半的壞習慣，同樣要嚴厲地告訴他「繼續那種態度將無法一起生活。」

教育孩子也是異曲同工，我的一位從事教職的朋友曾經說「不懂得罵孩子的老師，沒有資格當老師。」老師責罵學生是天經地義，但是流行一時的「愛的教育」，養大了孩子們的自尊心，讓老師們很難責罵學生。

但是還是應該問自己「眞的是爲學生們著想嗎？」在重要的場面，學生與老師都不能逃避問題，要正面迎向問題。

懶得去想，或者想法拖拖拉拉的人，重要的是不能拖延問題，必須直視問題。

爲情緒「點火」步上解決之路

雖然如此，要推諉、拖延的人正視現實並不容易。

因爲他們的情緒都不表現在外。

我們提到，修正自己的想法與看事物的觀點，緩和情緒冷靜檢視，有助太負面的人不至於太消沉、太感到不安。也就是說，重點是壓抑情緒。

不過，習慣拖延、推諉的人，在推拖逃避問題本質的過程中，會不再眞心地「生氣」、「哭泣」、「歡喜」、「沮喪」，不知不覺中變得會壓抑情感。

養成壓抑情感的習慣後，會用嘲諷或者迎合的態度來處理感情問題。

那麼，要如何面對這些人呢？可以刻意讓他們生氣、出糗，情緒遭到動搖，無法有條理的講話文飾，將不能再「推諉、拖延」，就不得不面對現實了。

※　※　※

我在臨床治療時，經常因為深入患者的內心世界，而引起他們的反彈。如果因為害怕，只能乖乖傾聽對方說話，對治療是沒有用的。雖然有些時候患者會口出惡言，但是因此讓對方釋放情緒，面對自己的問題，很多時候症狀也會跟著消失。

我的朋友也從事諮商的工作，在諮商過程中也使用這種方法。

他的某位男性患者平常嘴裡盡是對公司的不滿，「公司不願意讓我發揮長才」、「主管什麼都不懂，放著這樣的人不管的經營高層也有問題」、「為什麼不派我到我想要待的部門」長期的抱怨讓他感覺前途一片黑暗，甚至沒有辦法進公司上班。明明有精力在家打電玩，食慾也正常，但是不知為何，一提到公司就整個洩了氣。

當然，當工作不如己意時，感覺失落是正常的，這件事本身不壞，偶爾發發牢騷也無可厚非，只是如果連續兩年、三年都這樣，連工作也無法做了，就是問題。

高自尊的人經常不願意面對自己的問題，只會怪罪給別人，想當然不可能獲得回報，也不暢快。結果辭職換工作，卻由於什麼都沒有改變，不暢快的感覺又再度襲來……現在這類的年輕人很多。

這位男性同樣把所有的責任都怪罪到公司及主管，不願意誠實地面對自己。

我的那位諮商師朋友經過幾次諮商後問他——

「為了滿足自己的要求，你做了哪些努力？另外，你覺得自己有哪些問題？」結果那人竟然惱羞成怒說「你當我是笨蛋嗎？」應該是觸及到不願意面對的問題核心所致。

男性很快恢復平靜，並且沉穩地對我的朋友說「請不要說得好像我很沒用。」

結果我的朋友又說——

「我不是在說你沒用，只是難道你自己不需要努力嗎？」

男性還是平靜地回答「都是公司的錯。」

這個故事還有下文，那天諮商結束後，男性跑到公司的人事部大吼大叫要求「換諮商師」，因此那是我的朋友最後一次為他處理，不過從之後的諮商師口中得知，男性的症狀一下子變好，已經可以正常上班。

雖然對自己的問題反應過度惱羞成怒，但是因此看到了問題，能夠打開心胸跟主管溝通。

如此，凡事推諉的人可以藉第三者的力量，正面看到問題，進而適應現實，自覺容易延宕問題的人，也可以自己嘗試運用。

※　※　※

假設你有慢性的無力感覺，總覺得「做什麼都沒有用，所以最好什麼都不做。」

真的做什麼都沒有用嗎？

其實可以試著問自己「應該還是有做得到的吧。」

「反正沒有人懂我的煩惱，要是有可以商量的對象，就不用這麼辛苦了。」

如果那麼認為，請試著問自己「為了找到可以商量的人，做了怎樣的努力？」不要忘記在這個世界上，一定有人克服了跟你一樣的問題，要有勇氣去找尋，或者在書本中找答案。

老是覺得有志難伸、悶悶不樂，不要漠不關心地拒絕正面，也拒絕負面，有的時候必須觀看自己與不快的情緒戰鬥。看著負面的部分，認真思考一下，自己什麼都不做的理由。

如果有些地方正是你的寫照，請參考本書介紹的方法，嚴以律己，好好地、不疾不徐地面對每一個問題。

凡事推諉的人可以藉第三者的力量，正面看到問題，進而適應現實。

第6章

正面發揮負面的眞正力量

小失敗帶來自信

「經驗（行動）之後想法開始改變……」

這是讓人擺脫過度負面，讓負面的人發現正面好處的重要概念。

也就是說，若要和諧地運用負面與正面適應現實，關鍵點在於如何行動、如何體驗那些經驗。

※　※　※

那麼，在行動面上要注意什麼呢？

最要緊的是「不要太害怕失敗」。

太正面的人不用說，原本就害怕失敗，太負面的人同樣不想失敗。但是，爲了適應現實、彈性的生活，「小失敗」是被允許的。

只不過，不包括該做的事情不做，所招致的失敗。譬如不會傳接球卻參加棒球比賽，這是「懶人的失敗」，是沒有用的失敗。

相反的，確實做好準備，卻因爲失算、不得要領而失敗，則是好的失敗，就好像做了足夠練習上場比賽，卻無法獲勝一樣。在失敗中學習，解決問題的能力也會越來越好，也一定能夠擴大人生的廣度。

當然，不是失敗就好，前提是經歷小失敗之後，願意去克服、去努力。曾經被貶、遭斥責的經驗，並且能夠走過的人，都深知失敗之後，怎麼讓自己重新站起，以及了解情緒管理的方法。

換成從組織來看——

有些公司以及組織因爲害怕失敗，不斷粉飾、欺騙股東，總是延後解決問題，但是不可能永遠都能矇混過關，總有一天還是會毀了公司。相反的，適時公開虧損情形的公司，不會發生可能毀了公司的大醜聞，至少都有解決問題的能力。

同樣的事情也可套用在醫療上——

最近描寫實習醫生的漫畫以及連續劇很受歡迎。實習醫生也是，有指導醫生不吝指點，適時提醒相關醫療技術以及跟患者接觸技巧的實習醫生，在技術與態度方面都能獲得進步（當然不能一直都是被指導的一方）。

上班族也是，有一種說法是「不在二十幾歲犯錯的員工，三十歲以後不會有出息」。不犯錯意味著能力很好，懂得察言觀色，讓自己不犯錯，雖然評價很高，但是年輕時候越是長袖善舞的人，年紀大會更害怕表現出眞實的自己。因爲不習慣犯錯，所以越來越不敢挑戰，越來越退縮，只能做小事。

太害怕失敗的人，眼睜睜地看著磨練自己解決問題能力的機會流逝，受到「表現出眞實的自己會遭到討厭（被嘲笑）」，這類不健康的想法左右，變得非常容易受傷，無法控制情緒。

克服小失敗，找回自信——

這可說是平衡使用負面與正面，活得更有彈性的祕訣。

重要的是「從會的開始」

完成了什麼之後的那種自信，會帶我們往眞正的正面走去，所以經驗的力量是很大的。但是因此要挑戰太高的目標，失敗的機率往往會變大。要成就事情，重要的還是「按部就班」。

雖然知道每件事都有它的步驟與階段，然而有時可能讓焦慮感逼急了，急著挑戰不可能實現的事情，或者受莫名其妙的道德感牽引而毀滅了自我。

譬如爲了不輸給善於跳箱的朋友，明明不會卻硬是挑戰最高層，當然會失敗。或者考試的鐵則是從簡單的題目做起，卻堅持依序「從第一題開始解」，當然無法好好地分配時間。

好不容易燃起挑戰的熱情，卻急著縮減努力的過程，或者試圖一舉逆轉勝，讓原來可以順利的事情受挫，然後又再很快地做出結論「看吧，果然還是不行」，失去自信，陷入越來越做不到的惡性循環中。

到底該如何是好呢？

※　※　※

最佳的解答就是——「從會的開始，花時間，一點一點仔細做」，切記要有計畫。

一定有人覺得這是廢話，但是人會因爲恐懼、不安、沮喪、緊張等負面情緒，無法做到理所當然的事情。正努力要克服過去做不到事情的人，他們的複雜情結高出普通人一倍，衍生出的拘泥與執著，有時會妨礙他們的冷靜思考。

商場上處理困難問題的通則，是切割問題進行分析，大部分的人都懂這個道理，不過懂是一回事，能夠在各種壓力下實際做到又是另一回事。所以，重新強烈意識到「從會的開始」很重要。

人際關係也是如此。

我曾經有一位同事，無法如願進入景仰的教授的研究團隊工作，因而心灰意冷。

之後聽說他每年都寄賀年卡片給那位教授，也勤於出席教授參加的學會與研究會，經過這番腳踏實地的努力，慢慢有機會和教授交談，現在已經在教授門下熱心研究。

雖然不必學豐臣秀吉，將主人的草鞋放在懷裡溫暖它，但是露臉參加等這類彈性的作法，可是很有威力的。

記住「從會的開始」，將有意想不到的收穫。

雖然失敗，還是要做到不能做爲止，留下一些成績，那麼即使完全失去自信，也不會完全失去別人對自己的信任，就比較容易東山再起。

將目標分成短期與長期

雖然一直想挑戰，但總是事與願違。

因爲老是失敗，所以輕易放棄。

這樣想的人要隨時告訴自己「從會的開始」，學習如何訂定目標。

攀登聖母峰等高山，除了要花時間準備，實際的攻頂計畫更是細得有名，「第一天到這裡」、「隔天到那裡」。因爲想要早日攻頂的焦慮會打亂步伐，很容易失敗。

總之，想要早點看到結果的人都缺乏餘裕，同時又強烈以爲「反正做了也是白做」、「不想白費工夫」，以致受到「在最短距離內有效解決」，這個看起來正面的想法左右，反而養成容易放棄的壞習慣，對任何事情都不再有挑戰的欲望。

就跟遇到危險立刻陷入恐慌的人、討厭解決問題的人一樣，只追求結果，大多無法冷靜看待自己所處的狀況。

那麼，該怎麼辦呢？

※　※　※

失敗的原因在於一下子訂定太高的目標，所以將目標分成「長期的」與「短期的」會有幫助。

遇到無法立即解決的問題，當下感到焦慮是人之常情，因爲只看到眼前，在想法變得負面的同時，受到難過情緒牽引，以致視野變得狹隘，只能看得到短期目標。

如果能夠看得久遠——

「確實現在一籌莫展，但或許還有仍未想出的方法可以解決，所以我再努力蒐集一些正面資料好了。」

如此這類正面的想法就能湧現。此時「蒐集資料」就是我們的短期目標，在資訊不夠完備的階段冀望速戰速決，只會提高失敗的風險，也可能失去周圍的人對自己的信賴。

更具體來看——

假設你的目標是「貢獻社會」、「做喜歡做的事情」這樣的大目標。這類使命感與人生觀確實很偉大，若能實現實在太美好，但是一下子想要靠自己的力量讓很多人幸福，靠興趣維持生計，可以說是不切實際，恐怕會失敗讓人失去鬥志。

希望受到他人肯定、過自己也認同的人生當然很重要，只是一旦這個念頭過於強烈，做什麼事情都急著想看到結果，就容易與周圍的人發生摩擦。

爲了避免那樣的事情發生，要達成目標，首先要思考「是否透過醫療貢獻社會」、「是否透過做生意來完成自己喜歡的事情」這類的方法，具體想出可以做的（＝細分目標），一步一步實踐。

訂定短期目標與長期目標時，跟運用負面、正面一樣，都需要平衡協調感。

擅長訂定短期目標的人的缺點是，「太早放棄」以及「不相信意想不到的機會」，因此很容易不小心失敗。而擅長訂定長期目標的人，相對悠閒自在，卻可能造成他人的困擾，或者因爲「遲早會做的態度」，延宕問題讓情況惡化。

因此知道自己的不足之處，與人合作加以彌補，兩者之間取得協調是很重要的。

因為老是失敗，所以輕易放棄。這樣想的人要隨時告訴自己「從會的開始」，學習如何訂定目標。

對於「無力控制的部分」要能決心放棄

「正面」、「負面」不單是想法與看事物的觀點，也可以用來表示一個人嘗試挑戰的態度與決心。

想法正面，表現出來的當然就是願意挑戰的態度。

太負面的人因爲不相信機會，甚至放棄挑戰，也就無法解決問題。

※　※　※

爲了解決問題，除了要做「有辦法控制的事情」，「決心放棄無力的部分」也很重要。

但是不少身陷負面螺旋的人，反而都只看到無力控制的部分——

「都是我的個性不好！」

「誰叫父母把我的臉生成這樣！」

「前世沒有做好事。」

「公司的同事都很自私。」

「我沒有什麼能力……」

過分負面放棄挑戰的人經常說這些話，問他們「做了哪些努力要來改變自己的人際關係、行爲、想法」，他們會說，「做得到的話早就做了」，好像自己完全沒有責任。

這種人看起來謙虛，其實都認爲「該做的全做了，無法得到回報跟我有沒有努力沒有關係」，就某方面來說，其實很傲慢。

也可以說他們看不到自己可以控制的部分，也就是自己應該可以改變的部分。

在我每天接觸的患者中也有這種人，他們經常想得極端、做得極端，發現有哪些部分需要改變時，總希望一次做好，一旦失敗，馬上做出結論，「果眞不行，要是這麼簡單，大家就輕鬆了」。

這時我會故意說，「沒有人說這件事可以簡單做到喔！」，那名患者會回答「又說風涼話了，因爲醫生那樣，我的病才好不了！」好像自己該做的都做好了似的。

只會說「都是別人不對！」「環境太差了！」，情況當然不會改變，還是應該去看自己可以應付、控制的部分。

那麼，怎麼樣才能讓自己看到可以控制的部分呢？

※　※　※

請從「看到讓自己不知不覺產生負面情緒的原因（＝令人難過的事實）」開始。

這是相當麻煩的作業，伴隨著精神上的痛苦，不能再欺瞞，必須停止「反正不可能順利」的念頭，看到事情的眞實原貌。

這個時候一旦對難過、不安等自然情緒過度反應，就會被接踵而來的

「自己果然不行」的想法吞噬。要注意看到現實原原本本的樣子，但是又不能對難過與不安的感覺反應過度。

做什麼都失敗，代表現實裡也有很多負面因子，但是也一定參雜著正面因子，所以要能汲取正面的部分、捨棄負面的部分。要爲往負面暴走的想法踩煞車，告訴自己「等一下，是這樣沒錯，但應該不至於太嚴重？」仔細斟酌現況是重要的關鍵。

做到之後將能夠知道，「有些地方還是有救」，會想，「再努力一陣子」或者「冷靜發揮優勢，讓自己成長」，也一定能夠從中想出具體的對應方法。

十九世紀美國的某位神學家以《小小的祈禱》爲題留下這幾段話——

「神啊，請賜與我接受無法改變的平靜。」

「神啊，請賜與我接受可以改變的勇氣。」

「神啊，請賜與我分辨其中不同的智慧。」

事實上這幾段話經常被用來治療毒癮與酒癮患者。

雖然現實很難改變，但如果能夠發現自己有辦法做到的部分，就能夠看到因應的方法，就能變得客觀。

越難過越應該溝通

比爾·蓋茲語錄中有這樣一段話——

「越是氣餒，越應該屏除情緒，研究各種可能的方法，切實因應。越是難熬，越應該不被情感左右，因爲越是深陷其中，越難切實解決問題。在這種時候，能夠成爲我們靠山的便是恩師、夥伴、家人等人際關係。」

不被自己的情緒左右，讓人際關係成爲我們的靠山。每一句話都理所當然，正因爲難過，這些理所當然的事情才最重要。

如同先前反覆提及的，陷入過度負面的狀態時，我們很容易馬上看到自己的個性、才能、運氣，這些無法立即改變的部分，讓自己更加的難過。爲了避免這樣的事情發生，一定要看到「現實」這個傷口，把焦點放在解決問題上。

沒有辦法獨力做到時，要像比爾．蓋茲說的，透過人際互相扶持，讓我們有餘力冷靜因應，也能增添一些選項。

容易氣餒的人，特別是染上心病的人，他們的共通點是，會從已經不多的選項中，選出毀滅性的一項，並且重複失敗的模式。

解決問題的原則，盡可能有多一點的選項，確實研究這些選項後付諸行動才是成功的訣竅。

不斷失敗的人要謹記問自己，「是不是還有別的方法？」、「盡可能想過所有的選項。」做不到時可以找人商量，聽別人的意見。

這個故事是我的一位朋友告訴我的——

這個朋友有位女性友人K小姐，公司主管除了對她性騷擾外，也會利用職權騷擾她。

因爲是間小公司，並沒有性騷擾評議委員會等，然而所有的員工都知道這件事。

K小姐也曾經跟老闆反應，老闆卻說「先擱下吧！」避而不談。事實上，那位主管是K小姐進公司時的面試官，建議老闆錄用她的也是他。進公司後不久他就對她說，「我早就對妳有意思了！」、「因爲妳長得很漂亮，我才讓妳進公司。」想去握她的手，想要有進一步的舉動。她當然拒絕，結果那名主管竟然說「不要太得意！」、「你男朋友眞的那麼猛嗎？」總說些性騷擾意味極濃的話。

K小姐因爲壓力沉重，就快染上憂鬱症。

雖然她直接告訴過老闆，但是公司卻不願意好好處理。如果主管來硬的甚至涉及犯罪，就可以報警處理，但問題還不到那個地步。她到底應該如何是好？

K小姐最後能夠想到的解決方法，不是「辭職」就是「忍耐」。確實，當下請辭走人多麼帥氣，也一定很爽快，但是事情大多不那麼單純。

如果她從以前就有辭職的念頭，也有機會轉換跑道，那麼遇到這樣的麻煩，毫不猶豫地請辭也是一種選擇。

但是如果她正打算在這家公司好好提升資歷，就算不到這個地步，好不容易找到的工作，肯定無法輕言放棄，也一定會懊惱「要爲這種人退出」。

這麼一來就必須找出「能夠減輕壓力繼續工作」的方法。

面對無法輕易解決的難題時，關鍵還是蓋茲提到的「溝通」。

首先，要在公司找到站在自己這邊的人，只要有一個人願意傾聽自己的煩惱，就是很大的後盾。如果這個人是女性，又曾克服這類問題，相信一定有如釋重負的感覺。

找不到就往外尋找。

如果能夠在公司以外的地方，找到上述那樣的女性，看待現實的角度應該會有很大的改變，如果找到兩個人以上，就更令人放心了。

業界也都有性騷擾、職權騷擾的協談窗口，以及願意傾聽的組織，這類機構的人們自身或者是身旁的人，大多都有受過相同的折磨，一定願意提供強力支持，提供的建議也一定相當廣泛，從穩定情緒到具體的因應方法以及對策等。也能夠提供給我們有用的選項，讓我們知道「萬一的時候也有這種作法。」

具備了這些資訊，行動可能跟著改變。知道自己能夠做的，心裡會開始出現餘裕，也可能改變想法，「爲了磨練工作上的技能，或許應該辭職換工作。」

當然，K小姐不可能因爲和人商量，馬上變得可以雄辯，勝過主管，問題也可能無法輕易解決。不過聽取各種建議之後，維持現況持續忍耐雖也是選項之一，但跟隱忍飲泣不同，心中已經知道萬一到最壞的狀況時，如何反擊，只是時候未到而已，這時心情承受的壓力是完全不一樣的。

事實上，K小姐在做了各種嘗試後，找到了很好的商量對象，已經可以稍微強勢地面對主管了。同時她開始這麼想，「一旦結婚隨時可以辭職，現在留下來是給公司面子。」

她說這麼想之後，憂鬱症狀不可思議地減輕了，也能夠冷靜，慢慢地化解性騷擾事件。

溝通帶來解決問題的線索

大家煩惱的時候有可以商量的人嗎？

不少遲遲無法解決問題的人，都執著以爲「找人商量代表承認自己的失敗。」

而且因爲「一人做事一人擔」、「跟人發牢騷太負面不好」等奇怪的正面想法，容易讓自己陷入孤立的陷阱，有不少人甚至以爲「商量等於是被迫接受他人意見。」

我不是不能理解那種心情，但是那只會讓精神更受煎熬，眼看著現實的選項一一流失。

我也有患者極端討厭和人商量。

我的一位男性患者，內科醫師說他的身體沒有異常，但他卻長期抱怨身體感到疼痛，心情一直好不起來，睡不好、沒有食慾，曾經樂在其中的事情都不有趣了。

他對我問的每件事情都很排斥，「多管閒事」、「爲什麼我得跟精神科醫生談那些事情？我自己會解決。」

但是仔細聽會發現他有很多奇怪的堅持，「別人不可能懂我」、「自己的問題應該自己來解決。」

類似這位患者，不找人商量，虛榮等待成功後跟人誇耀的人，問題一旦久拖，「事到如今更沒臉找人商量」，只好自己一個人煩惱、難受——

「不希望因爲這種事而得拜託人。」

「自己決定比找人商量快。」

解決問題最重要的不是像這樣，用看起來積極正當的理由，逃避找人商量，只有認清「找人商量只是一個過程」、「因爲最終還是得自己決定，所以應該放棄矜持，在過程中聽取所有人的意見」，彈性以對才有幫助。

只要清楚最終還是需要自己決定，就不至於太依賴別人，也能夠清楚，「現在只是暫時借助他人的力量」，找人好好談一談。確實有些事情不找人商量，便無法解決，有時在商量的過程中，可以了解自己到底想做什麼。

眞的不想找人商量的話，寫出來也是一個方法。相信每個人都曾在隔天重看前一晚一時興起寫的情書，覺得害羞的經驗。重新看一次激動時寫出的內容，會發現原來自己被逼急了，才會出現這些奇怪的想法，也就能掌握自己思考的壞習慣，有助於修正自己過於正面或者負面的想法。

說「找人商量，對方也不可能解決，所以沒有意義」，聽起來負面，其實一方面強烈期待別人能夠幫忙解決，一方面又害怕遭到背叛。

※　※　※

以下的內容或許可以提供給這樣想的人參考——

在醫院精神科醫生經常為癌症末期的患者做諮商，面對每天鬱鬱寡歡的患者，很難對患者說「不好好把握剩餘的時間，很可惜喔！」但是卻可以建議長期疏離的家人「一起支持他」。事實上，經常聽聞因為診斷出癌症末期，離婚分開的家人又再見面的故事。

很多患者都說，雖然孤獨一人度過餘生，或者與家人共同留下回憶，生病所帶來的痛苦沒有不同，但是生活的品質卻是天差地別。

成員們全都苦於相同疾病的「病友會」也有同樣的功效，與有相同遭遇的人見面、交談，或許能夠發現新的治療選項，那也是病友會的好處。

即使找人商量無濟於事，但是相互鼓勵本身卻是意義重大。不少人因此獲得新資訊，進而找到解決問題的線索。

溝通裡蘊藏著解決問題的巨大力量。

變得正面之後，小心得意忘形

如果過度負面的人能夠發揮負面的特質，慢慢接納正面，可以彈性生活，將是很棒的一件事。

但是我希望那種人要留意——

負面的人嘗到正面的滋味後，一定會感覺人生輕鬆許多，所以變得正面絕對不壞，但是就怕得意忘形。

譬如沒有男人緣的女性，經過美容整形如願以償後，卻因此沉溺於男女關係之中。或者沒有女人緣的人當上老闆，嘗到被酒店公關小姐捧上天的滋味，最後正事不做，成天流連忘返於酒家。

又或者沒有錢的人，輕易獲得大筆財富後，正如「壞錢留不久」這句話，開始狂買名牌等揮霍金錢。

從負面轉爲正面時，一定會出現反作用力，導致適應不良。

※　※　※

爲了避免如此，一定要對自己耳提面命，「總有一天會得意忘形，一定要注意」，或者找一位深知自己的人，請他在自己變了的時候，提醒自己不要太得意，給自己忠告。有了及時的提醒，就不會忘記曾經謙虛的自己。

我有一位女性患者，她的目標是想成爲舞者，但無法獲得父母的協助，而放棄夢想，罹患暴食症。

最近她成爲模特兒，開始受到歡迎。

前陣子見到久違的她，知道她的病好了很是高興，卻也因爲看到她沒有了過去的謙虛，對她的高姿態有些在意。我笑著對她說——

「很多人在這個階段時，因爲太過自信而自我毀滅喔！」

她好像立刻會意，苦笑地說「確實，最近的我受到奉承，有些得意忘形了也說不定。」

從前的她，是一個無法暢所欲言而日漸退縮的人。這樣的人在孩童時代都有旺盛的好奇心，想到什麼就說什麼，想做的事情也是立即飛奔去做，非常活潑，充滿童眞。但是他們同時也很容易就感覺不安，一旦遭責罵「太任性」或者受到欺負，便會變得沉默，強烈要求自己「必須是乖寶寶」。

當那樣的人重新變得積極，可以暢所欲言時，會因爲反作用力而說得太過、口無遮攔，經常與周圍的人起衝突。

爲了不重蹈覆轍，從負面重新回復到正面時，要意識到兩者的平衡。田原總一朗記者知道自己的某些部分不受約束，因此他能夠尖銳地逼問政治家，不過據說他也常請太太（已故）以及朋友爲他評分，目的是希望爲太強勢的自己踩煞車，大家也都嚴厲批評他「沒有人那麼說話」、「太狠了」，他也以此反省、警惕自己。

以他爲例，傾聽旁人意見是他爲心靈安裝的負面安全裝置。

凡事正面的人很少有這方面的自覺，但它卻對適應現實很有幫助。有能力的經營者一定會在身旁安置一位提諫言的人，做爲變成「山大王」之後，得意忘形時的風險管理。

※　※　※

另外就是，負面的人嘗到正面的滋味後，會忘記負面的人的心情，變得無法認同對方，感覺不出別人的痛苦。請特別注意那些驕傲的習氣。跟習慣說「怎麼辦」、「好擔心」的人在一起是很煩人的，要他們「不要想太多」，指出他們的問題很容易。

但是第一章也提到，但那一句話卻可能把人逼到角落「雖然如此，但我就是會想啊！」「沒有人了解我的痛苦。」請大家一定要知道，那也可能是從前自己的樣子。

面對鬱鬱寡歡的當事人，他們難過的問題該如何解決呢？

請讓他們知道你願意跟他一起想辦法，這麼一來，當事人終將自然往前，想要解決問題。

負面與正面不過是「手段」

本章指出正面思考並非萬能，負面裡蘊藏著很大的機會，而正面與負面都只是模式。

最後我還要再提到。

負面也好正面也罷，目標方向都是一樣的。也就是說，不管是負面、正面甚至是中性，重要的是「能否解決問題」。

極端的正面確實也能解決問題，或者在資訊不夠的時候、有必要看清局勢的時候、不清楚對方期待的時候，非黑非白的中性觀點反而有用。

負面思考與正面思考都只是手段，但是當正面與負面變成不是「手段」而是「目的」時，視野會變窄，思考會僵化，最後只能接受一種選項，那是非常危險的，會讓人生變得痛苦。這是我想大聲對堅持「凡事必須正面」的人說的。

相反的，也一定有人「還是無法接受正面思考」，即使人們說要正面，也還是很難照單全收。

負面的人看到正面的人做著自己做不來的事情，會感到不愉快，以爲「正面是那個人的天生才能，有那種才能的人很幸運，自己則沒有那種素養」，反而更生氣。

但是負面或正面不是天生的，不過是思考方式的不同。

看起來正面的人也有失意的時候，現在也已經知道，與腦部問題有關，只能負面思考的「憂鬱症」，只要性格與環境出現錯亂，每個人都可能罹患。

相反的，想法負面的人也有可能因爲反作用力變得正面。

負面的人可能變成正面，正面的人當然也可能變得負面，兩者只是思考方式不同，都有機會改變。

看事情總往壞的方面想，以及做什麼事情都自覺行不通要放棄的人，可以試著想想，確實現在可能看起來負面，但是回顧孩童時期，是不是比現在要正面許多呢？

一定曾有過不考慮太多，就勇往直前的時候。到底是爲了什麼變得負面呢？如果是的話，一定有機會再變回正面。

長年苦於憂鬱症的人都能變得正面，只是消沉變負面的人，一定有辦法比現在更加正面的。

對於身旁凡事正面的人，不要覺得他特別，「那個人跟我不一樣！」請用謙虛的心情看待，有時會對他的遲鈍、毫無顧慮感到生氣，把他當成負面範例參考就好，或者這麼想「好可憐哦，只知道要正面。」

你只需要成爲知道負面的力量，也知道正面的力量的人就可以了。同時，即使想法變正面了，還是要懂得「準備」，提高處理問題的能力，「態度」不焦急暴衝，同時有可以商量事情的「對象」。

結語

在我與受精神疾病而苦的人們相處過程中，有件事我一直很在意，那就是即便是感覺悲觀，口裡全是負面話語的患者，仔細聽他們說話，會發現他們其實都很在意要往正面努力。

看到這種人我不自覺會想，「每次的期待都好大！」、「想要『逆轉勝』的願望強烈到有些大膽。」

譬如因爲精神疾病休假的人，調養好身體要再回到職場時，原本應該像做復健般慢慢讓自己適應，但是有不少人馬上勉強自己過度的工作，

「已經好了，想快點加班！」、「體力上雖然有些難以負荷，但還不到無法上班的程度。」結果又再度休息，重複這類模式，很可惜。

也就是說，會有代表「退縮」的精神疾病，其實是沒有考量到自己的實力以及體力，拼命想要「積極往前」所造成的。

這也是經常可以在人際關係上發現到的現象。

經常看到有人在親子、夫妻、戀人的關係中，過度期待對方，「我們是一家人（夫妻、男女朋友），不用多說也應該查覺到我的情緒」，結果遭到背叛而痛苦不已。對信賴的人有所期待，這樣的心情可以理解，但是因為與對方溝通不夠，沒有找人商量便躁進，不斷經驗到激烈衝突與挫折，不管是誰，一定會害怕再也無法向前。

以那種人為例，想法正面本身沒有不好，只是用法極端了點。要知道「不急著給結論」、「重新檢視積極正面時的速度」、「與負面取得平衡」、「要有在適當時刻行動的勇氣以及不讓自己受重傷的風險管理」、「找到合適的商量對象」等，本書提示的技巧也很重要，學會既不過分積極，也不過分消極的思考方式。

如同本書的介紹，在身陷逆境變得悲觀以及情勢轉守爲攻時，除了記得要「積極點」外，越是一帆風順，更要有意識地切換到「些許負面」的模式，一定就能活得更有彈性。

相信多數翻閱本書的讀者，對於凡事正面的人多少感到厭惡，但是因爲「心靈天線」已經啓動，同時也厭倦甚至介意自己的負面部分。

那樣的人不管是否願意承認，其實對周圍以及自己的可能性，多抱持著某種程度的期待，換句話說，都有正面思考的基礎。

世界上，有人總是否認悲觀，不讓自己煩惱，也有人因爲過度的正面思考，宣稱「自己不會煩惱」，奮不顧身勇往直前，結果傷害了旁人卻不自知。

與遲鈍想逃避現實的人相比，我對於欠缺靈巧，卻願意謙虛面對負面自己的人更有好感，從長遠的眼光來看，更覺得他們才健全。現在，讓我打從心底尊敬的人，大多從年輕時候便願意誠實面對內心的掙扎糾葛，並且努力找出屬於自己的方法加以克服。

到底什麼才是眞正的「積極」、「正面思考」？

這是非常深奧的課題，絕對不是以往大家所提及的，只要能夠積極向前，生命與價值觀就會更寬廣這麼單純。

我覺得，願意檢視現實的人際關係以及自己的觀念、行爲模式，修正軌道的同時也自然地生活，並且確實改變，或許那才叫做眞正的「正面」。

希望這本書有助大家將焦點放在實際的方法與概念上，做爲解決自身問題的參考，同時有助於大家認識自己。

最上 悠

Beautiful Life 62

負面思考的力量【暢銷新版】

原書書名——ネガティブのすすめ——プラス思考にうんざりしているあなたへ
原出版社——株式会社あさ出版
作　　者——最上悠

譯　　者——朱麗真
企劃選書——劉玫琦
責任編輯——韋孟岑、周怡君
版　　權——吳亭儀、翁靜如、黃淑敏
行銷業務——張瑛茜、黃崇華
總 編 輯——何宜珍
總 經 理——彭之琬
發 行 人——何飛鵬

法律顧問——元禾法律事務所 王子文律師
出　　版——商周出版
臺北市中山區民生東路二段141號9樓
電話：(02) 2500-7008　傳真：(02) 2500-7759
E-mail：bwp.service@cite.com.tw
發　　行——英屬蓋曼群島商家庭傳媒股份有限公司城邦分公司
臺北市中山區民生東路二段141號2樓
讀者服務專線：0800-020-299　24小時傳真服務：(02)2517-0999
讀者服務信箱E-mail：cs@cite.com.tw
劃撥帳號——19833503　戶名：英屬蓋曼群島商家庭傳媒股份有限公司城邦分公司
訂購服務——書虫股份有限公司客服專線：(02)2500-7718；2500-7719
服務時間——週一至週五上午09:30-12:00；下午13:30-17:00
24小時傳真專線：(02)2500-1990；2500-1991
劃撥帳號：19863813　戶名：書虫股份有限公司
E-mail：service@readingclub.com.tw
香港發行所——城邦(香港)出版集團有限公司
香港灣仔駱克道193號東超商業中心1樓
電話：(852) 2508 6231傳真：(852) 2578 9337
馬新發行所——城邦(馬新)出版集團
Cité (M) Sdn. Bhd. (458372U) 11, Jalan 30D/146, Desa Tasik, Sungai Besi,
57000 Kuala Lumpur, Malaysia.
電話：603-90563833　傳真：603-90562833
行政院新聞局北市業字第913號

封面設計——萬勝安
內文設計排版——copy
印　　刷——卡樂彩色製版印刷有限公司
經 銷 商——聯合發行股份有限公司　客服專線：0800-055-365
電話：(02)2668-9005　傳真：(02)2668-9790

2009年（民98）4月2日初版　Printed in Taiwan　定價300元
2018年（民107）8月22日二版二刷
城邦讀書花園 www.cite.com.tw
 ISBN 978-986-477-498-2

國家圖書館出版品預行編目

負面思考的力量／最上悠 著；朱麗真 譯．初版．臺北市：商周出版：家庭傳媒城邦分公司發行，
民107.07；Beautiful life：62，譯自：ネガティブのすすめ—プラス思考にうんざりしているあなたへ
ISBN 978-986-477-498-2（平裝）
1.成功法　2.自我實現　3.悲觀　177.2　98003386

"NEGATIVE NO SUSUME-PLUS SHIKO NI UNZARISHITEIRU ANATA E"
By Yu Mogami

Beautiful Life

Beautiful Life